G H I L M N
REGIONES QVATTVORDECIM
AB AVGVSTO INSTITVTAE
R.I PORTA CAPENA
R.II CAELIMONTIVM
R.III ISIS ET SERAPIS
R.IV TEMPLVM PACIS
R.V ESQVILIAE
R.VI ALTA SEMITA
R.VII VIA LATA
R.VIII FORVM ROMANVM
R.IX CIRCVS FLAMINIVS
R.X PALATIVM
R.XI CIRCVS MAXIMVS
R.XII PISCINA PVBLICA
R.XIII AVENTINVS
R.XIV TRANSTIBERIM
1 DOMVS NVMMIORVM
2 AEDES TRIVM FORTVNARVM
5 TEMPLA (A-B-C-D)
6 AEDES MATRIS MATVTAE ET FORTVNAE
7 AEDES HERCVLIS MVSARVM
8 AEDES IVNONIS REGINAE ET IOVIS STATORIS
9 DIRIBITORIVM
10 TEMPLVM MATIDIAE
11 DOMVS CLAVDIORVM
12 TEMPLVM GENTIS FLAVIAE
13 DOMVS T.FLAVII SABINI
14 MERCATVS TRAIANI
15 PORTA FONTINALIS
16 ARCVS LENTVLI
17 ARCVS GERMANICI
18 TEMPLVM HERCVLIS POMPEIANI
19 TEMPLVM DIVI TRAIANI, COLVMNA TRAIANI
20 META SVDANS
21 ARCVS CONSTANTINI
22 FONS ET LVCVS CAMENARVM
23 TITI IMPERATORIS DOMVS ?
24 CASTRA PEREGRINA
25 DOMVS L. VERI
26 NAVALE INFERIVS ?
27 ARCVS ARGENTARIORVM
MVRVS AVRELIANI
MVRVS SERVII TVLLII
AQVAEDVCTVS SVPRA TERRAM
AQVAEDVCTVS SVBTERRANEI
CLOACAE
PISCINAE - NATATIONES
RIVI
TOPOGRAPHIA E FORMAE VRBIS SEVERIANAE FRAGMENTIS
LIMITES QVATTVORDECIM REGIONVM
PORTA SALARIA
PORTA NOMENTANA
CASTRA PRAETORIA
HORTI SALLVSTIANI
R.VI
R.IV
R.V
R.III
R.II
R.I
R.XII
CAMPVS
ESQVILIAE
MONS OPPIVS
DECENNIAE
PORTA ASINARIA
PORTA METROVIA
PORTA LATINA
HORTI SERVILIANI
FORVM ROMANVM
CVM FINITIMIS AEDIFICIIS
1 2 3 4 5 6 7 8 9 10

BERNARD ANDREAE

»AM BIRNBAUM«

Gärten und Parks im antiken Rom, in den Vesuvstädten und in Ostia

KULTURGESCHICHTE DER ANTIKEN WELT

BAND 66

VERLAG PHILIPP VON ZABERN · MAINZ/RHEIN

BERNARD ANDREAE

»AM BIRNBAUM«

Gärten und Parks im antiken Rom, in den Vesuvstädten und in Ostia

VERLAG PHILIPP VON ZABERN · MAINZ/RHEIN

148 Seiten mit 32 Abbildungen und 32 Farbtafeln

Umschlag: Vögel im Park, Wandgemälde im Haus der Venus
in der Muschel, Pompeji II,3,3.

Vorsatz: FORMA URBIS ROMAE
Rekonstruierter Plan der antiken Stadt Rom von F. Scagner

Die Deutsche Bibliothek – CIP-Einheitsaufnahme

Andreae, Bernard:
»Am Birnbaum« : Gärten und Parks im antiken Rom,
in den Vesuvstädten und in Ostia / Bernard Andreae. –
Mainz/Rhein : von Zabern, 1996
(Kulturgeschichte der antiken Welt ; Bd. 66)
ISBN 3-8053-1854-5
NE: GT

ISBN 3-8053-1854-5
Satz: Typo-Service Mainz
Lithos: M&R, Wiesbaden

Printed in Germany by Philipp von Zabern
Printed on fade resistant and archival quality paper (PH 7 neutral)

Für Eva Charlotte

INHALTSVERZEICHNIS

AD PIRUM – »AM BIRNBAUM«

Martials Wohnungen in Rom und der Begriff *rus in urbe,* Land in der Stadt

Ad pirum, »Am Birnbaum«, hieß das Plätzchen im Straßenlabyrinth der Hauptstadt Rom, wo der Dichter Martial (38–104 n. Chr.)[1] im dritten Stock einer Mietskaserne wohnte und davon träumte, sein eigen zu nennen, was er[2] in unnachahmlicher Kürze *rus in urbe* nannte: »Land in der Stadt«, das war ein Garten rings ums Haus, in dem man atmen konnte und seine Ruhe hatte.

Das war auch die wohlbegründete Meinung des zwanzig Jahre jüngeren Satirendichters Juvenal (ca. 58 – ca. 138 n. Chr.)[3]: Wenn man in der Hauptstadt gut schlafen wollte, mußte man reich sein; nicht weil ein gefüllter Geldbeutel die Sorgen vertreibt, die einen nicht schlafen lassen, sondern weil nachts in der Stadt der Lärm so groß ist, daß man immer wieder geweckt wird. Man mußte einen Park besitzen, in dem das Haus so weit von den Straßen entfernt lag, daß man die Laute der Zugtiere, selbst wenn sie standen, und den Lärm der rollenden Wagen, die nur bei Nacht die Stadt versorgen durften, nicht mehr hören konnte.

Die beiden größten satirischen Dichter der hohen Kaiserzeit waren sich einig: »In einem Mietshaus stirbt man krank vor Schlaflosigkeit.«[4]

Martial[5], der wie jeder geistig arbeitende Mensch Ruhe brauchte, listet die Lärmquellen auf, die in der Stadt rund um die Uhr einen so unerträglichen Geräuschpegel schaffen, daß der Dichter, wenn er nur kann, auf sein kleines Landgut Nomentum hinauszieht, mag es auch noch so dürftig sein. In der Stadt stampfen schon vor Tagesanbruch die Sklaven das Mehl fürs Brot im Mörser. Der Hahn kräht von morgens bis zur 6ten Stunde, am Mittag lärmt die Elementarschule an der Ecke. Die Schüler sprechen im Chor die vorgesprochenen Weisheiten nach, sie brüllen, wenn sie geprügelt werden, und sie überschreien einander in den Pausen. Martial[6] wollte einmal sogar einen Lehrer auszahlen, damit er endlich schweigt, ist der Lärm einer Schule doch schlimmer als der im Amphitheater. Dann kommt in unablässigem Rhythmus noch das Klappern der Handwerker, der Lärm der Straßenverkäufer, der Geldwechsler, der Bettler, der Reisenden, die von einem Unglück erzählen, und der herumziehenden Sektenanhänger hinzu oder der Abergläubischen,

die bei Vollmond den Zauber mit Trommeln auf Metall brechen wollen.
Der Arme hat in Rom kein Plätzchen zum Denken oder zum Ruhen, im Gegensatz zum reichen Freunde Martials, namens Sparsus[7], der von Petelius ein großes Anwesen mitten in der Stadt geerbt hat, wo er Wein anbauen kann, eine eigene Arena zur Verfügung hat und von der Hausterrasse die Aussicht auf die Albaner und Sabiner Berge genießen kann.
Martial erwähnt in einigen Epigrammen[8] auch die Wohnungen, die er im Laufe der Zeit in Rom bewohnte. Wenn wir uns eine Vorstellung vom Leben in der Großstadt Rom am Ende des 1. Jahrhunderts n. Chr. machen können, so verdanken wir das in erster Linie der scharfen Beobachtungsgabe dieses Dichters frecher Epigramme und seiner spitzen Feder. Er wohnte zunächst in einer Mietwohnung im 3. Stock eines Zinspalastes, wie wir sie aus den bis zum 2. Stock mit dem Ansatz der Treppe zum darüber liegenden Geschoß noch aufrecht stehenden Mauern der Mietskasernen von Ostia[9] kennen. Das Mietshaus Martials[10] lag ad Pirum, das heißt bei einem Birnbaum, auf dem Quirinal, ohne daß man nun sagen könnte, ob vielleicht ein alter Birnbaum bei der dichten Bebauung dieses Gebietes nach dem Stadtbrand von 64 n. Chr. im Häusergewirr stehen-

geblieben war und jetzt als Ortsbezeichnung diente (denn nur wenige Straßen im alten Rom hatten einen Namen) oder ob der Birnbaum, der der Flur den Namen gegeben hatte, dem Bau der Mietskaserne zum Opfer gefallen war. Es ist aber bezeichnend, daß die Städter den Birnbaum so liebten, daß sie ihn nicht in Vergessenheit geraten ließen.

Wie der Birnbaum, bei dem Martial wohnte, so sind auch alle anderen Pflanzen in den Gärten und Parks des antiken Rom vergangen. Aber Blumen, Sträucher und Bäume erneuern sich ständig, wie alles Lebendige, und bieten immer wieder einen ähnlichen Anblick, so daß man in Gedanken, die sich am heutigen Anblick orientieren, die antiken Gärten wieder mit dem Grün der Pflanzen füllen kann, wie es die Archäobotanik an vielen Orten, besonders in den vom Vesuv verschütteten Städten und Ostia, tatsächlich ausführt.

Es gibt aber noch ein anderes Hilfsmittel, sich die Bedeutung der Bäume und Grünanlagen antiker Städte vor Augen zu stellen.

Abb. 1. 9. 10 Ansichten solcher Städte in Relief und Malerei zeigen nicht nur Tempel, Häuser, Straßenschluchten und Mauern, sondern auch Bäume mit knorrigen Ästen, die ein weit sich ausbreitendes Blätterdach tragen. Antike Städte waren keine Steinwüsten, sondern überall standen schattenspendende Bäume,

Abb. 1 Antikes Stadtbild aus der Vogelschau mit Park an einem Fluß, Relief, 1. Jh. n. Chr., Avezzano, Museo.

auf deren Grün die Augen sich ausruhen konnten.

So läßt auch Martial seine Leser wissen, daß er von seiner Dachwohnung aus wenigstens etwas sehen konnte, was man als *rus in urbe* hätte bezeichnen können, die Lorbeerbäume der Porticus Vipsania[11]. Diese Porticus gehörte zu dem von M.Vipsanius Agrippa ausgebauten Campus Agrippae, einem Sportfeld auf dem östlichen Marsfeld in der Nähe der Aqua Virgo genannten Wasserleitung, die noch heute den berühmtesten römischen Brunnen speist, die Fontana di Trevi. Das bedeutet, daß das Mietshaus auf dem Vorsprung des Quirinals lag, der heute von dem unter Paul V. Borghese (1605–1621) erbauten Palast des italienischen Staatspräsidenten eingenommen wird. Es war mühsam, dort hinaufzusteigen, und Martial[12] rät einem gewissen Lupercus, der sich ein Epigrammenbuch bei ihm leihen, das heißt schnorren will, um es von einem Sklaven abschreiben zu lassen, es lieber im Argiletum im Stadtzentrum für fünf Sesterze zu kaufen, wohin er hinabgehen kann, nicht hinaufsteigen muß.

Das zweite, was Martial[13] von seiner Mietwohnung im dritten Stock für mitteilenswert hält, ist die Tatsache, daß die Enge, in der man hier wohnt, Distanz und Anonymität zur Folge hat. In der ganzen Stadt ist keiner ihm so nahe und so fern zugleich wie sein Nachbar, den er mit der Hand vom Fenster aus berühren kann. Er kann nicht mit ihm feiern, ihn nicht sehen, ja nicht einmal hören. Er ist ihm so fern wie sein Freund Terentius, der in Assuan am Nil, der südlichsten Garnisonsstadt des Römischen Imperiums, das Kommando führt.

Martial sagt sich, daß er umziehen muß, und das tut er spätestens 94 n. Chr., vielleicht schon im Jahre 89. Seinem Freund Julius mit dem gleichen Beinamen Martialis, den er selbst trägt, schreibt er, daß mancher vor Neid platzt, weil ganz Rom ihn liest und weil er sich nun ein eigenes kleines Häuschen[14] in der Stadt leisten kann. Sein *rus*, sein kleines, süßes Landgut liegt aber nicht *in urbe*, sondern *sub urbe*, vor den Toren Roms. Doch immerhin. Das Häuschen in der Stadt steht nämlich, wie er schon im 5. Buch seiner Epigramme[15] mitteilte, beim Tempel der *rustica Flora*, der von einem Garten umgeben war, wie es sich für die Göttin des Pflanzenwuchses ziemte. Martials Gedanken kreisen also oft um das, was er mit dem Begriff *rus in urbe* ausdrücken wollte. Ein besonders schönes Beispiel gibt er im vierten Epigrammenbuch[16] mit der Beschreibung des Anwesens seines schon erwähnten Freundes Julius Martialis, das auf dem Janiculum in Trastevere liegt. Martial[17] weiß nicht, ob er es Landgut oder Stadthaus nennen soll: *Hoc rus, seu potius domus vocanda est.* Auf jeden Fall ist es glücklicher als die Hesperidengärten, liegt über den Nebelschwaden, die durch die Niederungen der Stadt ziehen, und hat den herrlichsten Ausblick auf die Sieben Hügel, die Albaner Berge und auf das Band der großen Ausfallstraßen Via Flaminia und Via Salaria sowie auf den Tiberlauf von der Milvischen Brücke bis nach Fidena und Saxa Rubra. Man sieht die Reisenden mit ihren Wagen, aber sie bleiben lautlos, und selbst das Geschrei der Treidler, die die Schiffe auf dem Tiber ziehen, ist nicht stark genug, um zu stören. Das sind die glücklichen Bedingungen, die *rus in urbe* gewährt, wie Martial es später im 12. Buch[18] noch einmal zusammenfassen sollte.

DAS GOLDENE HAUS: NEROS *RUS IN URBE*

Kein anderer hatte den von Martial erst gegen Ende des 1. Jahrhunderts n. Chr. geprägten Begriff *rus in urbe* so extensiv ausgelegt wie der eine Generation früher lebende Kaiser Nero, der in seiner als Goldenes Haus[19] bezeichneten Palastvilla mitten in der Abb. 2 Stadt Rom zwischen den Hügeln des Esquilin und des Caelius eine Parklandschaft verwirklichen ließ, die nur deshalb an dieser Stelle entstehen konnte, weil ein sieben Tage wütender Großbrand 64 n. Chr. ganze Wohnviertel der Hauptstadt in Schutt und Asche gelegt hatte. Es war jedoch ein unerhörtes Unterfangen und führte schon nach wenigen Jahren zum Ende des Tyrannen. Wenn man auch voraussetzen darf, daß die drei Essentials: eigener Wein, eigenes Sportfeld und eine schöne Aussicht, wie bei Sparsus, nicht fehlten, so kann man eine genaue Vorstellung von dieser Landschaft, die Nero sich mitten in der Stadt schuf, nicht mehr gewinnen, weil die aus dem Plebejerstand stammenden flavischen Kaiser Vespasian (69–79), Titus (79–81) und Domitian (81–96), die nach dem Dreikaiserjahr 68/69 auf Nero

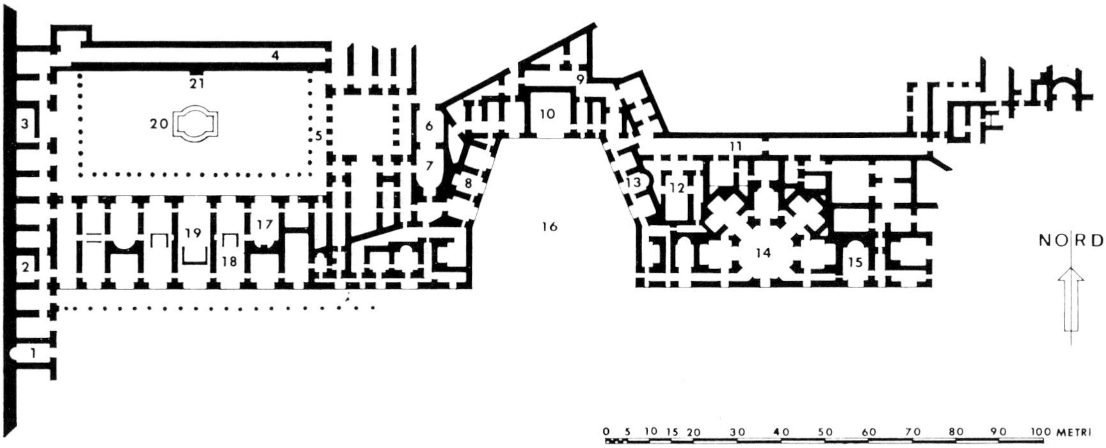

Abb. 2 Goldenes Haus Neros, Grundriß.

folgten, das Andenken daran ausgelöscht haben; sie
Taf. 2,1 ließen über dem Areal des »Goldenen Hauses« und der Parkanlage, die es zwischen Oppius, Caelius und Velia umgab, Riesenbauten zum Nutzen des Volkes anlegen[20]: Über dem Villenbau auf dem Oppius entstanden Thermen, und die Niederung zwischen den Hügeln, wo Nero einen See hatte aufstauen lassen, legten die Flavier trocken und errichteten auf einer riesigen Caementiciumplatte als Fundament den größten aller römischen Bauten, das Flavische Amphitheater. Nach dem über 35 m hohen Koloß Neros[21], dessen Porträtkopf gegen einen Kopf des Sonnengottes ausgetauscht wurde, hieß das Amphitheater *Theatrum ad colossum* oder kurz *Colosseum.* Darin ist die einzige Erinnerung erhal-

ten, daß hier einst Neros *rus in urbe* sich ausdehnte.
Was diese Villa mitten in der Stadt enthielt, beschreibt Sueton[22] in seiner Kaiserbiographie Neros knapp, aber eindrucksvoll mit folgenden Worten: »Nirgends aber war er verschwenderischer als beim Bauen: er errichtete einen Palast vom Palatin bis zum Esquilin, den er zuerst ›Durchgangshaus‹ und später, als er durch einen Brand zerstört und dann wieder aufgebaut worden war, ›Goldenes Haus‹ nannte. Es wird genügen, über seine Ausdehnung und Ausstattung folgendes zu berichten: das Vestibül war so groß, daß darin eine Kolossalstatue Neros von fünfunddreißigeinhalb Meter Höhe Platz hatte, und der ganze Bau so ausgedehnt, daß eine Halle mit drei Säulenreihen, in einer Länge von anderthalb Kilometer, ihn schmückte. Ferner befand sich darin ein Teich, der wie ein Meer mit Gebäuden umgeben war, die Städte vorstellten, dazu verschiedene Ländereien mit Feldern, Rebbergen, Weiden und Wäldern mit einer Menge Vieh und Wildtieren aller Art. Im übrigen war alles mit Gold, Edelsteinen und Perlmutter bedeckt. Die Speisezimmer hatten Decken aus beweglichen, durchlöcherten Elfenbeinplatten, so daß man von oben herab über die Gäste Blumen streuen oder Parfüme sprengen konnte. Der Hauptspeisesaal war rund, und seine Decke drehte

sich Tag und Nacht, wie das Weltall. In die Bäder floß Meerwasser und Wasser aus den Albulaquellen. Als dieser Palast fertiggestellt war, sagte Nero, um seine Zufriedenheit auszudrücken, bei der Einweihung nur: jetzt endlich könne er anfangen, wie ein Mensch zu wohnen.«

Diese war gewiß die hybrideste Park- und Villenanlage mitten in der Stadt, die im Altertum zum Genuß für einen einzigen ausgeführt wurde. Aber die großen Villen, mit den sie umgebenden Parks, die die römischen Großen zuvor schon und dann wieder in der Barockzeit anlegen ließen, waren auch nicht zu verachten. Heute sind diejenigen der Borghese und der Doria-Pamphili, um nur die größten zu nennen, als öffentliche Grünanlagen und Lungen der Stadt Rom allen geöffnet. Aber es ist noch nicht lange her, daß sie allein einer kleinen aristokratischen Schicht dienten.

PFLANZEN AUF DEM FORUM UND HAUSGÄRTEN IN ROM

Will man heute etwas über die Gärten und Parks im antiken Rom aussagen und eine Vorstellung davon geben, so bleibt notwendig vieles der Phantasie überlassen. Denn von diesen Grünanlagen findet man im Gegensatz zu den Ruinen auf der einen Seite nichts mehr, keinen Stengel, keine Blume, keinen Strauch und keinen Baum mehr. Andererseits sahen die Pflanzen, die in diesen Gärten wuchsen, nicht anders aus als heute. Es kommt also mehr darauf an, den Rahmen kenntlich zu machen als das Bild, das die Natur selbst immer wieder aufbaut.

Die Geschichte der Gärten in der Stadt ist so alt wie die Geschichte der Stadt selbst. Ein Beispiel mag das erläutern.

Als Augustus durch den Praetor des Jahres 12 v. Chr. Lucius Naevius L. f. Surdinus[23] nach einem Brand des Forums im gleichen Jahr ein neues Pflaster des Forums aus rechteckigen Kalksteinplatten verlegen ließ, in das vor der Rednertribüne zu Füßen des Kapitols in großen Bronzelettern die Stiftungsin-

schrift eingeschlossen war, da sparte man nicht weit
Taf. 3 von der Inschrift eine 30 x 25 m messende Stelle
Taf. 4 aus, wo das Erdreich zutage trat und drei für die Ernährung entscheidend wichtige Pflanzen: ein Ölbaum, ein Weinstock und ein Feigenstrauch wuchsen[24]. Unter einem Feigenbaum, der *Ficus Ruminalis*, hatte nach dem Mythos die Wölfin Romulus und Remus, die Gründer der Stadt, gesäugt. Die Pflanzen auf dem Forum haben also uralte Ursprünge. Der Feigenbaum wird häufig, neben dem Wein, mit Dionysos und seinem Gefolgsmann, dem Silen Marsyas zusammengebracht, und von Marsyas stand auf diesem kleinen Flecken Land mitten im steinernen Forum eine Statue, die Horaz[25] erwähnt und
Taf. 5 deren Form auf den sogenannten Plutei Traiani[26] überliefert ist. Es war, wie die Statue des Roland in mittelalterlichen Städten, das Zeichen der Gerechtsame, und Kopien dieser Statue standen in den Städten, denen das *ius Italicum* (italisches Recht) verliehen war.

Die drei Nutzpflanzen mitten auf dem Forum erinnerten die Römer an ihre bäuerliche Herkunft und waren ein Symbol der unstillbaren Landsehnsucht der Römer, die die Voraussetzung dafür ist, daß sich ein Begriff wie *rus in urbe* bilden konnte.

Ihren Höhepunkt erlebt die Kultur von Lustgärten im Areal der Städte in der Zeit der späten Republik

und des frühen Kaiserreiches. Die beste Kennerin antiker Gärten, W. F. Jashemski[27], führt zu den am gründlichsten erforschten Stadtgärten, nämlich zu denen in Pompeji, folgendes aus:
»Zumindest *ein* Garten war in den meisten Häusern vorhanden. Ein elegantes Wohnhaus mochte drei oder gar vier große Peristylgärten besitzen. Solche Gärten konnten von einer ein-, zwei-, drei- oder vierseitig umlaufenden Säulenstellung eingefaßt sein. Zu einigen älteren Häusern gehörte der mit Gemüse, Obstbäumen und wenigen Weinstöcken bepflanzte Garten im hinteren Teil des Anwesens. Manche Häuser kannten nur einen einfachen, von Räumen umgebenen Hofgarten, ein bescheidenes Haus besaß vielleicht lediglich einen winzigen ›Lichtschacht‹, der als Kleinstgarten gestaltet war. Wir begegnen den Behausungen einfacher Handwerker, die in den Räumen hinter ihren Läden wohnten und kostbaren Platz dem Garten überließen. Der Wunsch nach pflanzlichem Grün, einigen wenigen Kräutern oder vielleicht auch Blumen scheint im römischen Charakter tief verwurzelt zu sein. Der gleiche Impuls veranlaßte den Ladenbesitzer, der im oberen Stockwerk über seinem Ladenlokal lebte, ein paar schattenspendende Weinranken auf seinem Balkon zu ziehen. Ein Fenster mit Blick auf den Garten des Nachbarn war nur wenigen glücklichen Bewohnern

dieser dichtbevölkerten innerstädtischen Quartiere vergönnt. Nach der Romanisierung Pompejis im 1. vorchristlichen Jahrhundert hatten die Stadtmauern ihre Funktion als Verteidigungsanlage eingebüßt. Luxuriöse mehrgeschossige Villen wurden über der Stadtmauer errichtet, die Dachgärten besaßen und einen spektakulären Blick auf den Hafen erlaubten. Seneca d. J.[28] spottet über solche Gärten, in denen die Dächer für Baumpflanzungen zweckentfremdet wurden.«

Taf. 1 Die Familie Patros ergeht sich in einem Park, Aquarell nach einem Wandgemälde im Grab des Patro an der Via Latina in Rom, Paris, Louvre, nach Secchi.

Das Elysium.

Denjenigen, deren Lauf im Leben ein guter Schutzgeist lenkte, wird der Aufenthaltsort der Frommen zur Wohnstätte angewiesen, wo fruchtreiche Jahreszeiten von Erzeugnissen aller Art strotzen, lauterer Gewässer Quellen sprudeln, Wiesen aller Farben im Frühlingsschmucke bunter Blumen prangen, wo sich die Weisen besprechen, Dichter die Theater füllen, Reigentänze und der Tonkunst süße Klänge sich darbieten, wohlgeordnete Gastmähler und keine Vorbereitungen erheischende Festschmäuse sowie harmlose Freude und ein ergötzliches Leben. Denn hier tritt weder ein Übermaß der Hitze noch eins der Kälte ein, sondern sie atmen eine in glücklicher Mischung von den Strahlen der Sonne erwärmte Luft (s. S. 88 f.).

Taf. 4 Dasselbe 30 Jahre später.

◁ *Taf. 2,1 Kolosseum und Mons Oppius mit den Ruinen des Goldenen Hauses Neros aus der Vogelschau.*
Taf. 2,2 Das antike Rom im Modell, Rom, Museo della Civiltà Romana.
Taf. 3 Weinstock, Ölbaum, Feigenbaum auf dem Forum Romanum 1965.

Taf. 5 Feigenbaum und Satyrstatue auf dem Forum Romanum, Wiedergabe auf den sog. Anaglypha Traiani, um 120 n. Chr. Rom, Curia. ▷

Taf. 6–8 Gartenmalereien auf gelbem Grund im neronischen Flügel der Villa der Poppaea in Oplontis, Torre Annunziata.

Taf. 7

Taf. 8 ▷

DIE VILLA DER POPPAEA IN OPLONTIS

Wenn schon das Goldene Haus des Nero nicht mehr in der Form kenntlich ist, die berechtigen würde, diese innerstädtische Anlage von Palast und Landschaftsgarten als *rus in urbe* zu bezeichnen, so kennt man hingegen sehr genau die Villa in dem kleinen, auf der Tabula Peutingeriana, der einzigen erhaltenen römischen Straßenkarte, Oplontis genannten Vorort von Pompeji, die der Familie von Neros Frau Poppaea gehörte und die offenbar nach deren Ehe- *Abb. 3*
schließung mit dem Julio-Claudier in großartiger Weise erweitert und umgebaut wurde, um auch dem Kaiser als Aufenthaltsort dienen zu können[29]. Die Hochzeit fand 62 n. Chr. statt.

Im gleichen Jahr wurde die Villa in Oplontis durch ein Erdbeben beschädigt, und eine Wiederherstellung erwies sich als notwendig, die aber nicht bei Schönheitsreparaturen haltmachte, sondern in die Erbauung eines ganzen neuen Flügels überging. Dieser zeigt einige Besonderheiten, die sich nur erklären lassen, wenn sie für die zu erwartende wenigstens zeitweilige Anwesenheit des Kaisers

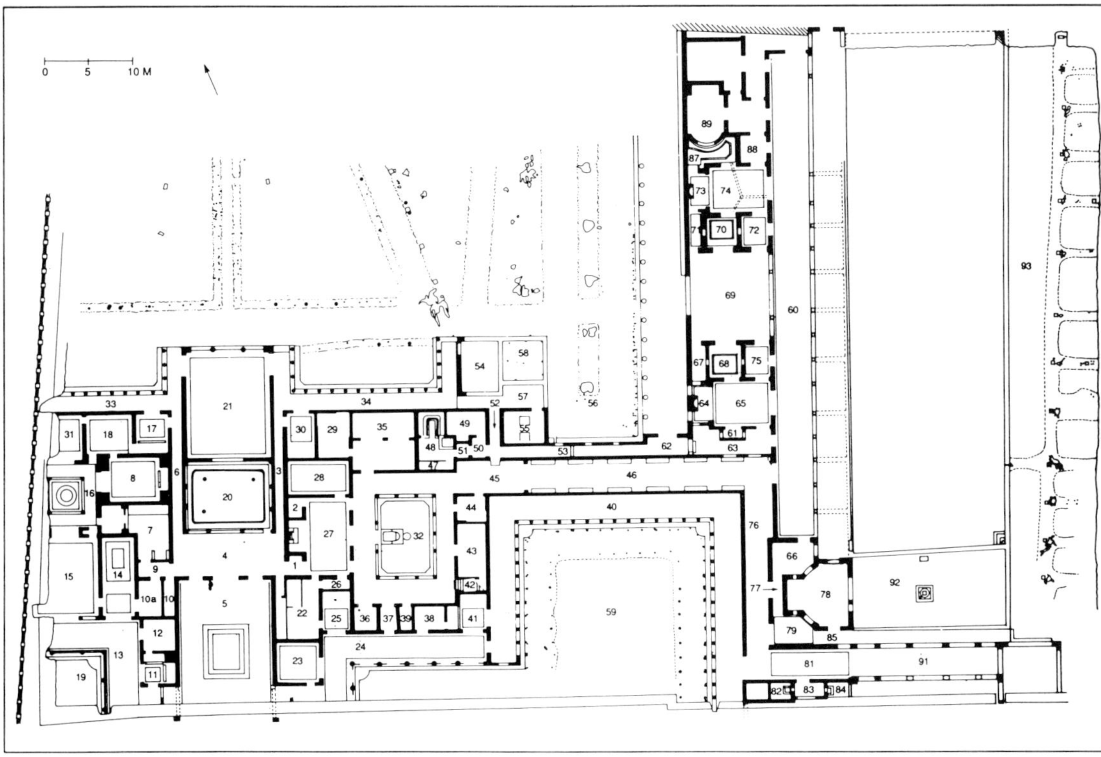

Abb. 3 Oplontis, Villa der Poppaea, Torre Annunziata.

vorgesehen waren. In erster Linie ist ein achteckiger Audienzsaal zu nennen, in den die Klienten durch einen kompliziert geführten Korridor gelangten. Zuvor mußten sie auf Steinbänken in einem überhohen und ziemlich breiten Gang, den man nur als Einschüchterungsarchitektur charakterisieren kann, antichambrieren. Der in eine doppelte Raumschale eingefügte Audienzsaal läßt sich unmittelbar mit dem Kuppelsaal der Domus aurea in Rom[30] vergleichen, von dem Sueton[31] berichtet und dessen nackte Wände und Kuppel noch unter den Trajansthermen auf dem Oppius erhalten sind. Der Audienzsaal in Oplontis öffnete sich auf einen großen Garten mit einem 150 m langen und 25 m breiten Schwimmbad, so wie der Kuppelsaal der Domus aurea sich auf einen künstlichen See in der Niederung öffnete, die später vom Kolosseum eingenommen wurde. Der neronische Flügel der Villa von Oplontis wirkt in gewisser Hinsicht wie ein kleinerer Vorläufer der Domus aurea.

An dem Schwimmbad der Villa von Oplontis entlang lief hinter einer beim Thronsaal beginnenden Säulenhalle eine Enfilade merkwürdiger Räume[32], deren Anordnung man nur versteht, wenn man sich in dem zentralen, mit kostbarem Buntmarmor ausgelegten großen Raum befindet, der durch die ganze Tiefe des Flügels der Villa hindurchgeht, einen breiten Durchgang zum Gartenperistyl hatte und sich mit zwei Stützen, die den gleichen Abstand wie die auseinandergeschobenen Mittelsäulen der Porticus haben, auf den Garten mit dem Schwimmbecken öffnet. In diesem großen, luftigen Raum sollte gewiß ein Triklinium aus kostbaren Speisediwanen aufgestellt werden. Die Blicke der auf hohen Betten liegenden Teilnehmer am Gelage wurden durch ein außerordentlich raffiniertes, teils gebautes, teils gemaltes Bild gefesselt. *Taf. 6–8*

In beiden Seitenwänden öffnen sich große Fenster, durch die man in die eigentümlichen Raumfolgen blicken kann, die sich in weitgehend symmetrischer Anordnung rechts und links anschließen. Zunächst ist hier jeweils ein quadratischer Lichthof errichtet, der in der Außenwand gegenüber dem großen Fenster ein exzentrisches kleineres Fenster aufweist. Dieses fügt sich deshalb, zur Seite verschoben, in den Rahmen des größeren Fensters ein und macht einem bewußt, daß man in diese Lichthöfe rechts und links nicht nur hinein-, sondern auch wieder herausschauen kann. Als nächster Raum folgt ein gedeckter und deshalb beschatteter Oecus mit einer Apside in der Rückwand, die für die Aufstellung einer Statue bestimmt war. Der Raum wird also keine weitere Funktion gehabt haben, als die Raumtiefe der Zimmerflucht zu erweitern. Denn der Blick, der die Schattenzone dieses Raumes durchmißt, wird nun, in der Achse des seitlich verschobenen Fensters, von einem entsprechenden Fenster eingefangen, das wiederum auf einen jetzt ganz kleinen, fast rudimentären Lichthof führt. An der Außenwand dieses Lichthöfchens, die den Sehstrahl auffängt, sind auf gelbem Grund, wie er allen in der Blickachse liegenden Räumen eigen ist, besondere Bildmotive angebracht, auf denen der Blick zur Ruhe kommt, der Blick, der im Augenaufschlag

diese abwechselnd belichteten und beschatteten Räume durchmessen hat.
Das Raffinement dieser Raumanordnung, die nur der Augenweide dient, wird durch die Wandbemalung vollendet. Im Bewußtsein der Stilentwicklung, die man in den zeitlich aufeinanderfolgenden Phasen der Villa lückenlos verfolgen kann, bekommt die hier verwirklichte Stilstufe eine besondere Note, die man nicht ohne weiteres bemerkt, wenn man die Wandmalerei unbefangen betrachtet. Doch auch in diesem Fall erfährt man eine Irritation. Denn die Wände der Lichthöfe, durch die der Blick geht, sind in völlig unnatürlicher Weise mit einem kräftigen, leuchtenden Gelb bemalt, fast möchte man sagen, ausgeschlagen. Dieses Gelb wirkt um so künstlicher, weil in den Lichthöfen die Böden aus Erde bestehen, in denen natürliche Pflanzen aufwuchsen. Diese treten in einen merkwürdigen Wettstreit mit den kunstvoll auf den gelben Grund gemalten Gartenlandschaften von durchaus die Natur imitierender Art. Zwischen diesen gemalten Zierpflanzen sieht man vom Maler hingezauberte Marmorbecken mit gemaltem flüssigen Springquell. Vögel tummeln sich im Geäst und fliegen durch die gelbe Luft, und dann sieht man dort auch einen großen, stolzen Pfau mit Krönchen und langem Schweif, auf dem die Pfauenaugen ein prachtvolles Muster bilden.

Vergleicht man diesen Pfau mit dem Pfau im großen Oecus der gleichen Villa[33], dann begreift man, was die Irritation beim Betrachten dieser Bilder auslöst. Während der Pfau, der im großen Oecus über den mit allen Mitteln der Täuschung plastisch gemalten Balken balanciert, genau der Natur abgemalt ist, sowohl in den Farben als auch in der Stofflichkeit seines Federkleides, ist der Pfau im neronischen Trakt der Villa ein ungemein künstliches Gebilde. Die metallische Silberfarbe des Vogels verfremdet die Natur ebenso wie die Macchiaoli-Malerei der Pfauenaugen. Dabei kann man keineswegs sagen, das Tier sei unnatürlich. Es ist nur gerade soweit verfremdet, daß man merkt, dies ist Kunst, die die Natur steigern will. Es ist nicht mehr mimetische, sondern autonome Kunst, die hier zur Bereicherung des Lebensgefühls eingesetzt wird. Der Besitzer dieser Villa fügt sich nicht in die Natur der Dinge ein, sondern er unterwirft sie sich, schafft seine eigene Welt, vermischt Raum und Fläche, Licht und Schatten zur Gewinnung eines nie zuvor geschauten Sehvergnügens. *Rus in urbe* ist hier nicht das eigentliche Ziel, sondern die Schaffung eines mit den Elementen der Natur frei schaltenden Lebensraumes, der aus der Natur ausgegrenzt ist, sie draußen läßt, aber alles, was sie zu bieten vermag, in die eigengesetzlich gestaltete Kunstwelt hineinnimmt.

DIE RÖMISCHE VILLA AUF DEM LAND ALS VORBILD DES GARTENS IN DER STADT

Die römische Villa[34] war im Lauf der Zeit zum Inbegriff des Otiums geworden, eines Ortes, wo man sich in einen nahezu paradiesischen Zustand zurückziehen konnte. Möglich war diese Entwicklung durch eine Reihe von Faktoren.
Die hellenistischen Prototypen von Palast- und Parkanlagen einzelner Herrscher waren in Italien von einer viel größeren Zahl reicher Aristokraten aufgegriffen und weiterentwickelt worden. Wenn der Philosoph Kineas[35] bei einer Gesandtschaft an den römischen Senat 280 v. Chr. den Eindruck gewann, einer Versammlung vieler Könige gegenüberzutreten, so wollte er folgendes aussagen: Während es in Griechenland zu seiner Zeit nur wenige Könige gab, so hatte das römische Italien eine unvergleichlich höhere Zahl. Und von diesen besaßen die meisten nicht nur eine, sondern mehrere Villen auf dem Land und auch große Häuser in der Stadt, die in ihren Peristylen, wie zum Beispiel in der Casa del Fauno in Pompeji, einen Flecken *rus in urbe* hatten.

Die Villenkultur war in Italien durch ein angenehmes Klima und durch Wasserreichtum begünstigt. Nach Rom zum Beispiel flossen pro Tag durch elf Wasserleitungen 992.200 Kubikmeter Trinkwasser[36], vom Tiber ganz zu schweigen. Eine Million Kubikmeter Wasser bedeutete in Rom 1 m^3 pro Kopf und Tag. Eine solche Wassermenge steht heute nur ganz wenigen zur Verfügung. Das Land war aber nicht nur reich an Wasser, es war an allem reich. In der Tat war die späte Republik und das Kaiserreich bis an die Grenze der Spätantike eine Zeit nie vorher dagewesenen Reichtums nicht nur der Oberschichten, sondern breiter Schichten der Bevölkerung. Die Weltherrschaft Roms und die Segnungen des augusteischen Friedens *terra marique* im Zeichen eines sicheren Welthandels, dem bis mindestens zur Zeit Trajans durch die Hinausschiebung der Grenzen ständig neue Märkte erobert wurden, ließen zunächst nach Italien, dann auch in die Provinzen einen Reichtum fließen, der alle Vorstellungen übersteigt. Auf diesem Nährboden konnte die römische Villa gedeihen, die nach den Worten von Paul Zanker[37] »für die Nachwelt zum Inbegriff eines vornehmen und luxuriösen Refugiums abseits des Alltagsbetriebes geworden« ist. Paul Zanker hat das interessante Phänomen näher untersucht, wie die römische Villa zum Vorbild des Wohngeschmacks auch jener

Bürger des Mittelstandes wurde, die sich ein tatsächliches räumlich ausgedehntes *rus in urbe* trotz allgemein größeren Reichtums denn doch nicht leisten konnten. Als Goethe[38] Pompeji besuchte, war er erstaunt über die Enge der dortigen Wohnungen und notierte, »daß es keinen größeren Luxus gibt als Raumluxus«. Nun hatten die Römer schon ziemlich früh – auch darin hellenistischen Anregungen und Prototypen folgend – ein Mittel gefunden, dem Mangel an betretbarem Raum durch die Bemalung ihrer Wände mit illusionistisch erweitertem Raum in Form großer Prospekte abzuhelfen[39]. Ein besonders bedeutendes Beispiel ist uns in der Villa von Oplontis schon begegnet. *Taf. 9. 10,1*

In der Zeit nach dem Erdbeben 62 n. Chr. geht im Zusammenhang mit der Beseitigung der Schäden und einem an vielen Stellen notwendigen Wiederaufbau der Häuser eine deutliche Veränderung der Wohnkultur vor sich, die man kurz als Miniaturisierung aristokratischer Vorbilder bezeichnen kann[40]. Größere Schichten, denen weder der Raum noch die Geldmittel zu einem so aufwendigen Bauen zur Verfügung standen, wie es der für andere Schichten entwickelten Typologie entsprach, wollten gleichwohl das Lebensgefühl erfahren, das die bewunderten Großen in Rom von noch Größeren im hellenistischen Osten übernommen und weiterentwickelt

hatten. Der Vorgang wäre banal, wenn schöpferische Phantasie nicht etwas eigenartig Neues daraus gemacht hätte.
So wie der japanische Garten mit seinen Miniaturpflanzen und seiner bezaubernden symbolischen Ordnung eine menschliche Antwort auf den notorischen Platzmangel eines überbevölkerten Inselstaats ist, so zeigen auch seit neronisch-flavischer Zeit die kleinen Häuser in Pompeji, wo sie am besten zu betrachten sind, aber auch in allen anderen römischen Städten von Ephesos[41] bis Coimbra[42] und von Leptis Magna[43] bis Fishbourne[44] eine besondere Blüte römischer Wohnkultur. Dabei wirken Architektur in Miniaturform, Skulpturen in Statuettenformat, Wandmalereien und die Bepflanzung in kleinen Höfen, aber auch in Tontöpfen auf Terrassen, Veranden usw. zusammen, *rus in urbe* entstehen zu lassen. Wenn ein Euripus oder Nilus zu groß ist, auf dem einst die Palastschiffe der Ptolemäerkönige[45] dahinfuhren, dann baut man sich einen Kanal in den Garten, der schließlich bis zu einem kleinen Becken schrumpfen kann.

EINE MINIATURVILLA IN POMPEJI: DAS HAUS DES LOREIUS TIBURTINUS IN POMPEJI

Eine phantasievolle und bezeichnende Lösung bietet das sogenannte Haus des Loreius Tiburtinus an der Via dell'Abbondanza in jenem als Scavi nuovi bezeichneten südlichen Stadtteil (II 2,2) von Pompeji, der erst nach dem ersten Weltkrieg ausgegraben wurde. Das Beispiel der Casa dei Vettii[46], die Giuseppe Fiorelli in vorbildlicher Weise ausgegraben und in allen ihren Phasen und Aspekten am Ort konserviert hat, war hier schon verbindlich geworden, wenn man auch die Gärten noch nicht mit der von W. F. Jashemski[47] verfeinerten Methode der Archäobotanik untersucht hatte. Immerhin schenkte man auch den Spuren einer vergänglichen Pavillonarchitektur in den Gärten und den Anlagen von Beeten, Blumenrabatten, Sträuchern und Bäumen, soweit man sie aus dem Wurzelbereich noch erschließen konnte, Aufmerksamkeit. *Taf. 9,2–11*

Wiederhergestellt wurde ein Ambiente[48], das charakteristisch für den Wohngeschmack einer relativ

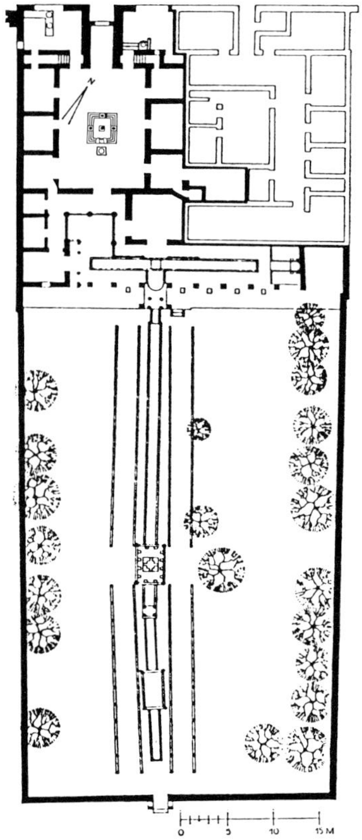

Abb. 4 Pompeji II, 2,5, Haus des Loreius Tiburtinus, Grundriß.

reichen und breiten Mittelschicht der römischen Kaiserzeit ist.

Man betrat das Haus durch den Fauces genannten schmalen Eingang zwischen den zur Straße hin offenen Läden (Tabernae), die in diesem Fall ihrerseits

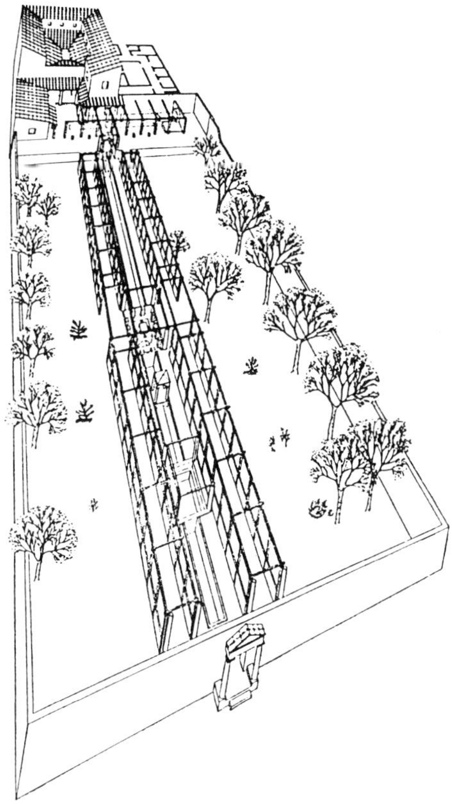

Abb. 5 Dasselbe, Rekonstruktion, nach Rakob.

einen direkten Zugang zum Hause hatten. Diese Läden waren demnach nicht an andere vermietet, sondern hier wurde im Auftrag des Hausherrn verkauft, was er durch seine Klientel erzeugen ließ. Der Laden rechts vom Eingang war ein Thermopolium, eine Art Schnellimbiß, für den die Ländereien des Besitzers die Viktualien lieferten. Im anderen Laden wurden Waren feilgeboten. Diese Läden trugen zum Einkommen des Besitzers bei, der nach einem im ersten *cubiculum* links vom Eingang gefundenen Siegel den Namen D. Octavius Quartio trug, während der Name Loreius Tiburtinus nur als Wandkritzelei begegnet, aber das Haus heute bezeichnet.

Hatte man die Fauces durchschritten, befand man sich in einem kleinen Atrium, dessen Dach mit dem Impluvium von gekreuzten Balken, nicht von Säulen getragen wurde. Dieses Atrium, zu dessen Seiten sich, nach üblichem Schema, je drei Schlafräume (*cubicula*) öffnen, ist der einzige von dem älteren Haus erhalten gebliebene Teil. Er verlieh dem Haus die Würde der Ahnen, hatte aber zugleich die Enge, aus der diese Generation auszubrechen versuchte. Das Tablinum, in dem ursprünglich die Geschichte des Hauses in Form von Tabulae, beschrifteten Wachstafeln, aufbewahrt wurde und das als Empfangsraum des Hausherrn diente, erfüllte im gesellschaftlichen Umfeld des Octavius Quartio keine Aufgabe mehr und wurde zugunsten eines Miniaturperistyls geopfert, das den Auftakt zu dem großen Gartentrakt bildet. In diesem werden die Vorstellungen und Hoffnungen des Besitzers verwirklicht, sich ein eigenes *rus in urbe* zu schaffen.

Abb. 6 Wandelhalle auf der Aussichtsterrasse im Haus des Loreius Tiburtinus.

Abb. 7 Blick auf die Aussichtsterrasse aus dem Garten des Loreius Tiburtinus.

Abb. 4 Es nimmt dreimal soviel Platz ein wie das Wohnhaus mitsamt den Läden, wirkte aber durch die künstlerischen Mittel seiner Ausgestaltung mit Pavillonarchitektur, Wandmalerei und Gartenplastiken noch viel bedeutender. Vor allem kam es dem Gestalter darauf an, den Blick dessen zu lenken, der diesen Garten betrat. An dem Platz, den ursprünglich das Tablinum einnahm, wurde ihm der Eindruck, den die Bewohner der Casa del Fauno im großen hatten, im kleinen geboten. Das Peristyl, in das er hinaustrat, hatte nicht achtundzwanzig wie das kleinere oder gar vierundvierzig wie das größere Peristyl der Casa del Fauno, sondern nur fünf Säulen, aber es war ein veritables Peristyl mit Blumenrabatten im säulenumstandenen, von einer Portikus umgebenen Rechteckraum unter freiem Himmel, und auf beiden Seiten gab es Räume, die man als Exedren verstehen konnte, die mit Mosaikfußböden ausgestattet und mit Wandmalereien geschmückt sind. Die Raumanordnung rechter Hand ahmt ein Sacellum, einen in der Mitte liegenden Sakralraum mit Annexen nach, während auf der anderen, linken Seite ein Speisesaal für U-förmig aufgestellte Diwane, ein sogenanntes Triklinium, sich öffnete. Hier waren die Wände mit Friesen bemalt, die in die heroische Welt des griechischen Mythos von Herakles und vom Kampf um Troja führten. Der Haus-

'af. 9,1,2; Taf. 10,1 *Villa der Poppaea mit archäobotanisch wieder angepflanzten Büschen und in Zement ausgegossenen Wurzeln von Platanen, Torre Annunziata.*

'af. 9,2

Taf. 10,1

Taf. 10,2 Biklinium im Haus des Loreius Tiburtinus Abb. 16.

Taf. 11 Gerahmte Blickachse entlang dem Euripus des Hauses des Loreius Tiburtinus Abb. 16.

Taf. 12 Treppenbrunnen im Garten des Loreius Tiburtinus Abb. 16.

Taf. 13 Statue des Mars im Park, Wandgemälde im Haus der Venus in der Muschel, Pompeji II, 3,3.

Taf. 14,1
Marmorbecken im Park, Wandgemälde im Haus der Venus in der Muschel, Pompeji II, 3,3.

Taf. 14,2
Gartenmalereien im Haus der Venus in der Muschel, Pompeji II,3,3.

Taf. 15 Wiederhergestellter Garten mit Skulpturen aus dem Wrack von Mahdia, Bonn, Landesmuseum, Ausstellung »Das Wrack« vom 8. September 1994 bis 29. Januar 1995, Katalog (Köln 1994).

Taf. 16,1 Gartensaal aus der Villa der Livia bei Primaporta, Rom, Römisches Nationalmuseum.

Taf. 16,2

herr legte Wert darauf, seine Religiosität und seine Bildung zur Schau zu stellen, die ihm vielleicht auch ein inneres Anliegen waren.
Ein Anliegen war ihm jedenfalls die Ausgestaltung *Abb. 5*
seines Gartens als Lebensraum und Augenweide. Das Miniaturperistyl ist mit einer quer dazu verlaufenden Pergola dadurch verbunden, daß die gleichsam wie ein Türflügel aufgeschlagene Säulenreihe der Gartenseite sich mit den Pfeilern der Pergola vermischt. Diese Pergola nimmt die Schmalseite des *Abb. 6*
ganzen, sich lang nach Süden erstreckenden Gartens ein. Sie liegt auf der Sonnenseite und erhebt sich auf dem gleichen Fundament wie der Block der beiden Wohnungen an der Straßenfront. Da das Terrain des Gartens nach Süden hin abfällt, steht man auf der Veranda mit der Pergola wie auf einer Basis Villae und blickt in die von höheren Bäumen gesäumte, mit blühenden Büschen bestandene Parklandschaft hinunter, die in der Mitte eine höchst raffinierte, aber nur in der Achse verständliche Anlage aufweist.
Wenn man aus dem Miniaturperistyl herausgetreten ist und dem Sacellum den Rücken zugekehrt hat, wird der Schritt zunächst von einem unter der Pergola entlanglaufenden Kanal oder langgestreckten Becken aufgehalten, an dem man, nach links sich wendend, entlangschreiten soll. Der Blick wird nun von einer dreigegliederten Schauwand am Ende von *Taf. 10,2*

Pergola und Kanal eingefangen. Man kann im wahrsten Sinn des Wortes von einem kanalisierten Blick sprechen. Der Kanal, der offenbar auf Vorbilder zurückgeht, die unter dem Namen Euripus oder Nilus schon zur Zeit Ciceros[49] beliebt waren und in der
Taf. 25,2 Villa des Kaisers Hadrian bei Tivoli[50] noch einmal eine großartige Ausformung finden sollten, endet vor der dreigeteilten Schauwand in einem Biklinium. Das heißt, rechts und links sind schräg ansteigende Liegestellen aufgemauert, auf die man Pfühle als Speisesofas breiten konnte. Das Ganze war also ein sogenanntes Stibadium, wie Plinius d. J.[51] es in seiner Villa Laurentinum folgendermaßen beschreibt: »Ein Speisediwan aus Marmor wird von einem Weinstock beschattet, den vier Säulen aus karystischem Marmor stützen. Unter dem Diwan heraus, als würde es durch das Gewicht der darauf Liegenden herausgedrückt, fließt Wasser in Röhrchen; es fällt in eine Steinmulde, sammelt sich in einer zierlichen Marmorschale und wird auf geheimnisvolle Weise so reguliert, daß es die Schale füllt, aber nicht überläuft.«

Taf. 10,2 An der Rückseite dieses Bikliniums befand sich als Endpunkt des Euripus die dreigegliederte Wand, die in der Mitte eine Ädikula mit zwei Kompositsäulen und einem Giebel über dem Faszienarchitrav besitzt. Die Rückwand der Ädikula ist leicht gekrümmt und erhielt durch in den Wandputz gesteckte Kiesel und Stalaktitenbrocken das Aussehen einer Grotte. Davor war auf einem marmorierten Sockel eine kniende Satyrstatuette aufgestellt. In den Wandfeldern links und rechts der Mitteládikula sieht man zwei Wandbilder mit tragischen Liebesgeschichten. *Taf. 10,2* Rechts entleibt sich Thisbe, als sie feststellen muß, daß ihr Geliebter Pyramus sich aus Gram selbst tötete, weil er beim vereinbarten Treffpunkt unter einem Maulbeerbaum nur ihren blutigen Schleier fand und glaubte, ein Löwe habe das geliebte Mädchen gefressen. Stellt diese Szene übergroße, selbstlose Liebe dar, so bietet das gegenüberliegende Bild den schönen Jüngling Narziß, der sein Spiegelbild im Wasserlauf zu seinen Füßen erblickt und sich aus Liebe zu seinem eigenen Bild verzehrt. Auf dem Biklinium liegend, konnte man beim Bechern und Speisen sich mehr oder weniger tiefsinnige Gedanken über Altruismus und Egoismus in der Liebe machen und konnte im Halbschatten der Pergola das Schaubild genießen, das einem die langgestreckte Veranda bot. Am Rand des kanalartigen Beckens mit seinen beiden Brückchen hockten und tummelten sich kleine Tiere aus Marmor und belebten die Szenerie in einer der Miniaturform des Ganzen entsprechenden Weise.

Doch erschöpfte sich dieses paradiesische Refugium

hinter der geschäftigen Hausfront keineswegs in dieser zum Speisen und Lustwandeln bestimmten Veranda, sondern der große Garten, der nicht eigentlich zum Betreten bestimmt war und außer Wein auch keine Nutzpflanzen enthielt, war als räumliches Schaubild mit einem solchen Raffinement ausgestaltet, daß man dahinter das Wirken eines bedeutenden Gartenarchitekten vermuten möchte. Begab man sich nämlich genau in die Mitte der 20 m langen querliegenden Veranda mit Pergola und Euripus, dann bot sich einem ein erstaunliches *Taf. 11* Bild. Es war das Bild, das die Tafelnden im großen Triklinium mit den gemalten Friesen der Heraklestaten und der Iliasszenen durch die breite Öffnung der Südwand genießen konnten. Man sieht daran, wie bewußt Wohntrakt und Garten miteinander verschränkt sind. Die einzelnen Elemente versuchen sich zu übertrumpfen und gegenseitig zu steigern.

Der Höhepunkt des Ganzen ist der Blick durch die Mittelachse des Gartens nach Süden. An dieser Stelle führt den Besucher, der aus dem Triklinium heraustritt, das mittlere Brückchen über den Kanal unter der Pergola, läßt ihn aber auf einer hufeisenförmig gerundeten und mit kostbaren Marmorplatten belegten, gegenüber dem Verandaboden leicht angehobenen Plattform anhalten. Vor sich sieht er auf einem noch einmal um etwa dreißig Zentimeter

Abb. 8 Marmorner Hermaphrodit im Garten des Loreius Tiburtinus.

erhöhten Niveau, in das die hufeisenförmige Exedra einschneidet, eine nach allen Seiten offene, von vier Säulen getragene Ädikula, die ihre Giebelseite dem Betrachter zuwendet. Dieses tempelartige Gebilde wird von vier Pfeilern überfangen, die die Pergola in die Mittelachse des Gartens vorspringen lassen. Die Blickachse wird auf diese Weise durch ineinandergeschachtelte Rahmenmotive akzentuiert und dadurch festgelegt, daß durch die ganze Länge des Gartens ein dem senkrecht dazu verlaufenden ähnlicher, aber etwas breiterer und tieferer Kanal in den Hintergrund hineinführt.

Auf der halben Länge dieses Kanals wird das Motiv der ineinandergeschachtelten Pavillonelemente aus vier größeren Pfeilern außen und einer auf vier Säulchen ruhenden Pergola innen wiederholt. Doch nun steht die Ädikula nicht in der Pergola, sondern 5 m weiter nach hinten verschoben, und das Ganze verkürzt sich durch die Perspektive dermaßen, daß sich die verschiedenen Elemente in das Rahmenwerk der ersten Pergola mit Ädikula genau einfügen und den kanalisierten Blick immer mehr einengen. Dabei kann der Betrachter die Raumtiefe des Ganzen anschaulich erfahren. Wie ein Musterbeispiel der Theoreme Euklids laufen die Linien unterhalb des Horizontes nach oben, diejenigen oberhalb des Horizontes nach unten, die auf der rechten Seite nach links und die auf der linken Seite nach rechts, und sie treffen sich in einem im Raum fixierbaren Augpunkt im Hintergrund. Dabei ist ein wenig verwirrend, daß der Kanal jenseits der zentralen Pergola, die einen kostbaren, noch genauer zu betrachtenden Springbrunnen überfängt, nicht nur schmaler wird, also die Perspektive noch übertreibt, sondern auch einen leichten Knick nach Osten macht. Dieser Kunstgriff soll dem ganzen System offenbar seine Starre nehmen und durch die gleichsam gebremste Verkürzung der schräg verlaufenden Linien die Raumtiefe noch besser ablesbar machen.

Zur Belebung tragen auch in den Kanal gestellte und seine Länge skandierende Säulchen bei, die als Springbrunnen dienen, und vor allem das vielgestaltige Nymphäum unter der Pergola in der Mitte des Gartens. Der Kanal erweitert sich hier zu einem *Taf. 12*
rechteckigen Bassin, an dessen Ecken die vier Stützen der Pergola – hier als Säulen gebildet – stehen. Die Beckenwand ist durch zwölf in das Bassin gestellte Sockel, je vier an den Langseiten und je zwei an den Schmalseiten, gegliedert, und in der Mitte des Bassins erhebt sich ein aufgemauerter Block, der ein zierliches Wasserspiel trägt. Es hat die Form eines quadratischen Aufsatzes, zu dem vier in den unteren Block eingeschnittene Wassertreppchen hinaufführen. Die Oberfläche des Aufsatzes ist von

einer Leiste eingefaßt, die sich zu den vier Treppchen öffnet, so daß das aus der zentralen Düse im Strahl aufsteigende Wasser gesammelt wird und nur über die Treppchen abfließen kann.
Unter der, fünf Meter weiter hinten, über den Kanal gestellten Ädikula, die sich aber optisch in den Vier-Säulen-Pavillon hineinschiebt, ruht ein marmorner
Abb. 8 Hermaphrodit und verschränkt die Arme traumbefangen hinter dem Nacken. Das Gewand ist ihm bis zu den Beinen hinabgeglitten und enthüllt die weiblichen Formen des Körpers, aber auch die männliche Scham. Diese laszive Gestalt, die leider schon bald nach der Ausgrabung geraubt wurde, war der Blickpunkt der ganzen raffinierten Inszenierung, die im Altertum durch einen üppigen Pflanzenwuchs vollendet wurde. Moderne Gartenkunst versucht ihn zu rekonstruieren. Nach den Pfostenlöchern hat man die Spaliere rechts und links des Euripus wiederhergestellt, an denen, im Rahmen der den Garten säumenden höheren Bäume, Wein gezogen wurde.
Ging man zwischen diesen Spalieren an den Ufern des Euripus entlang durch den Garten und wandte den Blick zurück, so bot sich das kleine Haus auf seiner höheren, der Basis einer Villa vergleichbaren Stufe wie ein Herrenhaus dar, und von hier sah man schließlich noch eine phantasievolle Einzelheit. Sie läßt erkennen, daß die Pergola über der Ädikula an

der hufeisenförmigen Plattform auf dem Gewände einer rechtwinkligen Exedra aufruht, welche in die Geländestufe einschneidet, auf der das Haus steht. In diese ist, als Stützsystem für die obere Ädikula, eine untere, von zwei Säulchen und der Rückwand getragene Ädikula hineingestellt. In der Mitte der Rückwand ist hier eine Oceanusmaske als Wasserspeier eines ersten Beckens angebracht, und am Beckenrand davor sitzt, ebenfalls als Wasserspeier gebildet, ein Eros mit Theatermaske, zu dessen Füßen ein Wassertreppchen in den Kanal führt. Die Rückwand mit der Oceanusmaske ist mit Meeresszenen und Fischen bemalt, und rechts und links sieht man die Geschichte von Diana und Aktäon sich abspielen. An die Seitenwände des Brunnenraums sind Ausblicke auf sakrale Landschaften mit Heiligtümern des Apollo und der Diana gemalt. Der Mythos vom frevlerischen Voyeur kontrastiert in gesuchter, aber möglicherweise unfreiwilliger Ironie mit den genüßlichen Blicken, zu denen der träumende Hermaphrodit in der Mitte des Gartens einlädt.

Man bräuchte den distanzierten Blick des *arbiter elegantiae* Petron, um wie in seinem Satyricon[52] die Gesellschaft zu beschreiben, der ein solches Ambiente gefallen mochte. Es bezieht seine historische Aussagekraft aus einer sozialgeschichtlich höchst interessanten Phase der römischen Kaiserzeit, in der ein Trimalchio[53], wie er sich selbst ausdrückt, aus einem Frosch ein König werden konnte. Das römische Gesellschaftssystem hatte eine bemerkenswerte Elastizität und bot manche soziale Aufstiegschance, die sich in der Umbruchszeit noch vermehrten, als die Kaisermacht von dem patrizischen Geschlecht der Julio-Claudier auf das plebejische der Flavier überging. Wir wissen nicht, wie Octavius Quartio zu seinem Reichtum gekommen ist, den er nicht für ein größeres Haus, sondern für sein *rus in urbe* verwendet hat. Zur städtischen Oberschicht, den *honoratiores* oder gar dem *ordo decurionum,* der in Pompeji kaum mehr als hundert Mitglieder zählte, scheint er nicht gehört zu haben. Er ist also keine herausragende Figur, und das macht seinen Wohngeschmack so beispielhaft.

DIE VERHÄLTNISSE IN ROM

Da in Rom nur weniges erhalten ist, was eine Vorstellung davon geben könnte, wie der Begriff *rus in urbe* mit Leben erfüllt wurde, haben wir zunächst ein pompejanisches Beispiel ausführlicher behandelt. *Urbs* meint aber nicht irgendeine Stadt, sondern Rom. Wir müssen deshalb die dort noch kenntlichen Spuren aufsuchen. Eine Abhandlung über die Lebensform, die mit dem Begriff *rus in urbe* erfaßt werden soll, darf auch nicht in den Fehler verfallen, die Entwicklung der Villa oder diejenige des Gartens im römischen Weltreich ganz allgemein in den Blick zu fassen. Dies läge zwar nahe, weil die Überlieferung dieser beiden eng miteinander zusammenhängenden Formen der Ausgestaltung des Lebensraumes unendlich viel reicher ist als im Fall der spezifischen Eingrenzung, die ein Wohngebäude mit einem als Park ausgestalteten Stück Land innerhalb des Stadtareals meint und nicht das, was man gewöhnlich unter Villa verstand, nämlich ein Wohngebäude außerhalb der Stadtmauern[54]. Die Architekturformen einer Villa auf dem Land, die

man in unserem Zusammenhang eher als *urbs ruri* bezeichnen müßte, und einer Villa in der Stadt, die das Thema dieser Betrachtung ist, können allerdings gewiß nicht klar getrennt werden.
Schon in der 37 v. Chr. erschienenen Abhandlung über das Landleben kann Varro[55] bei einem Gespräch über seine mit Kunstwerken angefüllte Villa auf dem Marsfeld diese von Villen auf dem Lande, die der Landwirtschaft dienen, nicht eindeutig unterscheiden, und Cato Censorius[56] empfahl um die Mitte des 2. Jahrhunderts v. Chr., eine *villa rustica* lieber in der Nähe einer großen Stadt zu kaufen, also die Annehmlichkeiten des Stadtlebens mit der Beaufsichtigung der Landwirtschaft zu verbinden. Dementsprechend wurde später in der Villa auf dem Lande eine *pars rustica* mit einer *pars urbana* verbunden, wie man es zum Beispiel bei der am Stadtrand von Pompeji liegenden Mysterienvilla[57] sehen kann. Obwohl also eine klare Trennung der Architekturformen bei der Villa auf dem Lande und der villenartigen Domus in der Stadt nicht möglich ist, so beschränken wir uns hier doch auf Beispiele, die in der Stadt liegen, weil hier durch die notwendig beengten Raumverhältnisse ein besonderer Anspruch an die Phantasie der Architekten und an das, was Bauherren wünschen konnten, gestellt wurde. Man muß allerdings zugeben, daß das Anschauungsmaterial

Abb. 9 Stadtansicht mit Mauer, Tempel und Park. Relief, 1. Jh. n. Chr. Rom, Konservatorenpalast.

Abb. 10 Relief mit Tempel und knorrigem Baum, 2. Jh. n. Chr. Rom, Kapitolinisches Museum.

in diesem Fall unendlich viel geringer ist, weil die Stadtareale ja in einem ganz anderen Maße durch die späteren Bewohner überbaut wurden als die Ruinen von Villen auf dem Lande. Auf der anderen Seite ist die schriftliche Überlieferung über die Vorgänge in den Städten und vor allem in der *Urbs* unvergleichlich viel reicher als diejenige über die Villen auf dem Lande. Die riesige Villa des Kaisers Hadrian bei Tivoli wird in der gesamten antiken Literatur nur in einem einzigen Satz erwähnt, in der Lebensbeschreibung des Kaisers in der Historia Augusta[58], und dieser Satz hat bei der Suche nach einem Verständnis der Anlage mehr Verwirrung gestiftet als zur Erklärung beigetragen. Die Geschichte der Gärten in Rom kann hingegen von einer ziemlich umfangreichen Literatur und zahlreichen, wenn auch weit verstreuten Notizen ausgehen.
Im antiken Rom sind über 80 große private Parkanlagen, sogenannte *horti,* aus den Schriftzeugnissen bekannt, die sich über das ganze Stadtareal verteilen und zum Teil einen beträchtlichen Umfang hatten, aber archäologisch faßbar ist nur ganz weniges. Man steht also vor dem Paradox, daß im ganzen römischen Weltreich zahllose Villen bekannt, ausgegraben und untersucht sind, die in keinem Schriftzeugnis Erwähnung finden, während man auf der anderen Seite viele Schriftzeugnisse besonders über die

horti in Rom kennt, ohne die Möglichkeit, eine Anschauung zu gewinnen.
Nach der berühmten Anekdote Diderots[59], wonach ein Literat aufgrund einer genauen Beschreibung seiner Geliebten bei hundert Künstlern ein Bild bestellte und hundert Bildnisse zurückerhielt, die zwar genau seiner Beschreibung entsprachen, aber weder ihr noch einander glichen, wollen wir davon absehen, uns ein Bild von villenähnlichen Domus und Gartenanlagen in der Hauptstadt zu machen, die wir nur aus der Literatur kennen, sondern uns auf die wenigen archäologisch noch greifbaren beschränken.
Was kann man von dem Versuch einer Darstellung der Gärten im Alten Rom erwarten? Gibt es etwas Vergänglicheres als Gärten, die nicht mehr gepflegt werden, und dazu noch Gärten in einer Stadt, die zwei Jahrtausende über diesen versunkenen Gärten weitergelebt hat? In der Tat ist keine einzige Pflanze, die zu Augustus' Zeiten in Rom aufwuchs, heute noch am Leben wie die Platane auf Kos, unter der schon Hippokrates gesessen haben soll, oder wie zur Zeit des Plutarch noch ein Kornelkirschbaum auf dem Palatin gepflegt wurde, den Romulus gepflanzt haben sollte[60]. Ist also alles, was wir über *rus in urbe* wissen, nur Papier?
Zu Hilfe kommt uns die Tatsache, daß die Parks in

Rom architektonisch ausgestaltet waren, und von der Architektur sind wenigstens Reste entweder erhalten oder dokumentiert, so daß wir im Zusammenhang mit den Grundgegebenheiten der Topographie wenigstens zu der einen anschaulichen Erkenntnis kommen, daß den Römern *rus in urbe* ungemein wichtig war.

SKULPTURENSCHMUCK IN RÖMISCHEN GÄRTEN UND PARKANLAGEN

Ein besonders wichtiges Element römischer Gartenbaukunst und großer Parkanlagen in Rom war die Bevölkerung mit Skulpturen. Die größte aller römischen Marmorskulpturen, die berühmte Gruppe des »Farnesischen Stieres«[61], die 1546 in den Thermen Caracallas gefunden wurde und 1788 ins Archäologische Museum von Neapel gelangte, war eine Gartenplastik, mit der wir uns noch ausführlicher beschäftigen müssen. Zunächst kommt es darauf an, sich grundsätzlich klarzumachen, daß nach römischem Kunstwollen Skulpturen, meistens aus dem lebendigen, dem menschlichen Karnat farblich so ähnlichen Marmor, die kunstvoll gestaltete Landschaft im wahrsten Sinne des Wortes beleben sollten. Zum Beispiel berichtet Cicero seinem Bruder Quintus in einem Brief[62] von Statuen in seiner Villa, als ob sie lebendig wären: »Deinen Gärtner konnte ich loben. Er hat alles mit Efeu verkleidet, den Sockel der Villa und die Interkolumnien der Wandelhalle, so daß die Mantelstatuen eine Kunst-

Taf. 13–15

Taf. 32

gärtnerei zu betreiben und den Efeu zu verkaufen scheinen.« Statuen in Privatgärten sind eine Neuerung seiner Zeit.

Solange die Römer sich in republikanischer Ablehnung orientalischer *luxuria*, die zur Verweichlichung schon der hellenistischen Potentaten geführt hatte, mit ihren einfachen Küchengärten, den *horti*, hinter dem Haus begnügten und die Zurschaustellung griechischer Kunstwerke im privaten Bereich ablehnten, gab es keinen Kunsthandel und keinen Ausstattungsluxus. Seit den Eroberungen zunächst italischer Städte in der Umgebung Roms, dann auch griechischer im Osten und schließlich auch in Afrika und Spanien kamen immer mehr Kunstwerke nach Rom, die dort zunächst als Staatsbeute ausgestellt wurden, was zur Nachahmung im privaten Bereich anregte[63].

Etappen auf diesem Wege, die schon von antiken Beobachtern festgestellt und in verschiedenartigen Schriftzeugnissen überliefert wurden, waren u. a. die frühen Eroberungen nahe gelegener Städte, etwa: die Einnahme der Hafenstadt Antium 338 v. Chr., als man die Schnäbel gekaperter Schiffe abschnitt und an der Rednertribüne auf dem Forum Romanum[64] anbrachte; die dem noch vorausgehende Eroberung von Vei[65] durch Furius Camillus im Jahre 396 hatte offenbar auch schon Kunstbeute erbracht, denn die frühe Geschichtsschreibung berichtet von einem Prozeß gegen den Diktator wegen Unterschlagung von Teilen derselben. Bedeutend war die Beute von Kunstwerken aus den Eroberungen von Tarent 272 v. Chr., Bolsena 265 v. Chr. und vor allem Syrakus 212 v. Chr.[66] Mit der Eroberung dieser Großstadt in Sizilien läßt Livius[67] »die bewundernde Betrachtung griechischer Kunstwerke und die Unverfrorenheit einsetzen, mit der man alles, ob den Göttern geweiht oder profan, davonschleppte«. 189 v. Chr. brachte Fulvius Nobilior die Kunstwerke von Ambrakia[68] nach Rom, und der Strom geraubter Statuen aus allen Städten des hellenistischen Ostens, darunter als reichste wohl das 146 v. Chr. zerstörte Korinth[69], wird nun immer breiter, bis Cicero[70] im Jahre 70 v. Chr. in dem berühmten Prozeß gegen den Praetor Gaius Verres eine aufschlußreiche Schilderung der Methoden des Kunstraubes durch Amtsmißbrauch gibt, die man als exemplarisch betrachten darf.

Interessant ist, daß Cicero selbst, der später auch Praetor in eroberten Provinzen war, die gleiche Kunstleidenschaft entwickelte wie der von ihm angeklagte Verres, daß er sich aber der legalen Wege des Kunsthandels bediente, um diese Leidenschaft zu befriedigen, die andere, wie Cicero selbst vermerkt, fast tadelnswert finden müßten[71].

DAS WRACK VON MAHDIA UND DIE AUSSTATTUNG RÖMISCHER GÄRTEN

So beispielhaft wie das vierte Buch der Gerichtsreden gegen Verres, das uns in einer sprachlichen und juristischen Meisterleistung die bedenkenlose Haltung eines in die höchste römische Gesellschaft aufgestiegenen Kunstliebhabers vor Augen führt, so exemplarisch für die legalen Wege des Kunsthandels dieser Zeit ist die Entdeckung eines Wracks bei Mahdia[72], das mit Kunstgut als Handelsware beladen war. Es war zu Beginn des 1. Jahrhunderts v. Chr. von Griechenland nach Italien unterwegs, als es wahrscheinlich nach der Vorbeifahrt an Kreta von einem Sturm in die Kleine Syrte verschlagen wurde und vor der Ostküste von Tunis sank.

Eine große Ausstellung in Bonn im Jahr 1995[73] hat nicht nur alle Probleme dargestellt, die durch diesen ungemein bedeutenden Fund aufgeworfen werden,
Taf. 15 sondern sie hat in einem künstlichen Garten im Innenhof des Ausstellungsgebäudes im Rahmen des Bonner Landesmuseums die auf dem Meeresgrund gefundenen Skulpturen vorschlagsweise einer Be-

stimmung zugeführt, für die sie gedacht waren. Es ist so, als hätten sie endlich nach einer Unterbrechung der Reise von mehr als zweitausend Jahren ihr Ziel erreicht. Die Ausstellung zeigte in einem unvergeßlichen Schaubild, daß römische Gärten und Parks nicht nur ein Pflanzenarrangement durch Gärtner, sondern eine kunstvolle Anlage durch Landschaftsarchitekten darstellten. Diese Kunstgärten waren mit Kandelabern und Becken geschmückt, durch sprudelnde und Springbrunnen bildende Wasser belebt und mit Statuen bevölkert.

Es gibt noch einen anderen vergleichbaren Schiffsfund von Antikythera[74], dessen Ladung im Nationalmuseum von Athen aufbewahrt wird, aber eher Beutegut zu sein scheint und im ganzen weniger gut erhalten ist. Die jüngsten datierbaren Gegenstände in diesem Schiff, das vor allem von ihren Sockeln gerissene Statuen des 2. Jahrhunderts v. Chr. geladen hatte, sind ephesische Münzen der Zeit 70–60 v. Chr., während das Schiff von Mahdia nicht später als in den achtziger Jahren des 1. Jahrhunderts gesunken ist. Beide Schiffsfunde erläutern und ergänzen sich gegenseitig.

In einem Punkt bietet das Wrack von Mahdia allerdings einen einzigartigen, überaus wichtigen Befund. Es enthält Repliken von Statuetten eines Brunnenschmucks, der tatsächlich auch in einer römischen Villa begegnet[75]. Es handelt sich um Satyrknäblein, die auf dem Rand eines Beckens sitzen, ihre ausgestreckten Hände in das Wasser tauchen und die Herantretenden mit schelmischem Lächeln naßzuspritzen drohen. Die Villa, in der das Becken noch erhalten ist, auf dem drei solche Satyrknäblein saßen, gehörte keinem Geringeren als dem Kaiser Tiberius, der sie zwischen 4 und 26 n. Chr. bei einer natürlichen Höhle anderthalb Kilometer südlich des nach dem Praetorium Speluncae genannten Fischerortes Sperlonga, auf halbem Weg von Rom nach Neapel, ausgestalten ließ. Das bietet die einzigartige Möglichkeit, Skulpturen, die zu Beginn des 1. Jahrhunderts v. Chr. als Handelsware nach Italien transportiert werden sollten, ihr Ziel aber nicht erreichten, mit Wiederholungen desselben Vorbildes zu vergleichen, die zu Beginn des 1. Jahrhunderts n. Chr. in einer römischen Villa tatsächlich aufgestellt wurden.

Dieser Glücksfall der Überlieferung lehrt zweierlei. Unter der Handelsware des Schiffs von Mahdia befanden sich auch Kopien, ja wahrscheinlich vor allem Kopien griechischer Skulpturen, und diese Kopien waren für die Ausschmückung des Lebensraumes der Römer bestimmt, insbesondere für ihre Gärten. Erhalten ist die luxuriöse Ausstattung solcher Skulpturengärten in ihrer exakten, 79 n. Chr.

festgehaltenen Anordnung nur in den Vesuvstädten Pompeji, Herculaneum, Oplontis und Stabiae[76], aber die Befunde in der Villa des Kaisers Hadrian (117 bis 138 n. Chr.) bei Tivoli[77] und in zahllosen anderen römischen Villen im ganzen Imperium Romanum zeigen, daß die Verbindung des Schiffsfundes von Mahdia mit dem Beckenschmuck von Sperlonga exemplarischen Charakter hat.

Im weiteren Verlauf der Darstellung römischer Gärten und Parks werden wir noch einmal auf die Bedeutung der dort aufgestellten Gartenskulpturen zurückkommen[78], die nicht nur die Größe von Putten hatten, wie die Satyrknäblein von Sperlonga[79]. Im Statuenprogramm von Sperlonga waren die Satyrknäblein die kleinsten Figuren, und auch in den Parks der Hauptstadt tummelten sich nicht nur Putten, sondern die größte aller in Rom gefundenen antiken Marmorgruppen, der sogenannte »Farnesische Stier«[80], war, wie die jüngste Restaurierung[81] ergab, eine Gartenskulptur, nicht ein »Gartenzwerg«, sondern ein »Gartenriese«. Ihm wird eine besondere Bedeutung bei der später zu stellenden Frage zukommen, wer denn die Besucher der großen kaiserlichen Parkanlagen waren. *Taf. 32*

GARTENMALEREIEN

Zunächst ist noch eine andere überaus wichtige Quelle der Kenntnis römischer Gärten und Parks zu nennen; das sind die zahlreichen Wandmalereien nicht nur in den Vesuvstädten, wo sie am häufigsten sind, sondern auch in Rom und in anderen Ausgrabungsstätten. Man zählt sie zur Gattung der
Taf. 13–21 Gartenmalerei[82], und sie begegnet sowohl in Häusern als auch in Gräbern. In beiden Fällen schaffen diese Wandgemälde den Eindruck einer paradiesischen Umgebung. Sie zeigen, was auch die materielle Überlieferung lehrt, daß Gärten und Parks der Römer nicht nur architektonisch gestaltet und mit Blumenrabatten, blühenden Büschen und Hecken und mit hohen Bäumen bepflanzt waren, sondern durch Marmorbecken, Tische, Statuen, Hermen und
Taf. 13 lebendig wirkende Skulpturengruppen ausgeschmückt waren. Sie zeigen aber noch ein weiteres wichtiges, von den Römern besonders geliebtes Element, näm-
Taf. 16 lich die Vögel aller Art, die das Gesträuch beleben. Vom Artenreichtum und von der Zutraulichkeit dieser Vögel, die die Gärten mit ihrem Zwitschern

erfüllt haben müssen, geben diese Wandmalereien eine gute Vorstellung, während man sie heute nur noch in den Volieren zoologischer Gärten erleben kann.
Ihr Urbild haben sie in dem vom Besitzer selbst liebevoll beschriebenen Vogelpark des römischen Magistraten, Gelehrten und Dichters M. Terentius Varro (116–27 v. Chr.) in Cassinum[83]. Im gemalten Gartenzimmer[84] der Gattin des Kaisers Augustus, Livia, die mit Varro gut bekannt war, ist ein solcher Vogelpark im Rundgemälde eingefangen. Darin sind nicht weniger als dreißig verschiedene Vogelarten und etwa ebenso viele Pflanzensorten gezählt worden[85]. Nichts kann eine so authentische Vorstellung von der Wirkung eines römischen Gartens in seiner Verbindung aus Natur und Kunst geben wie der im vorletzten Jahrzehnt des 1. Jahrhunderts v. Chr. ausgemalte Gartensaal aus der Villa »Ad gallinas albas« der Kaiserin Livia bei Primaporta, der 1951/2 ins römische Nationalmuseum übertragen und dadurch gerettet wurde.

Taf. 16. 18. 19,1–2

Römische Gärten und Parkanlagen sind vergänglich, und wer darüber berichten will, muß die verschiedensten Zeugen aufrufen, die eine begründete Vorstellung von der vergangenen Pracht vermitteln können. Man vermag dann wenigstens die Elemente zu benennen und aufzuzeigen, die zur römi-

schen Gartengestaltung zusammengetragen wurden.
Den Römern war ein besonderes Gefühl für Natur und Landschaft eigen, das über das naturwissenschaftliche Interesse der Griechen hinausging und sich auch in eine neue Richtung entwickelte. Zweifellos trug dazu die Offenheit römischer Städte bei, die im befriedeten Weltreich nicht mehr durch Mauern eingeengt wurden. Auf den Stadtmauern Herculaneums wurden Hängende Gärten errichtet[86], und der große Gartengürtel von Rom auf dem Esquilin dehnte sich auf dem Glacis der republikanischen Stadtmauer[87] aus. Auch in neuerer Zeit überdecken die Grüngürtel vieler Städte ehemalige Verteidigungsanlagen.

Taf. 26,1

DIE GÄRTEN DES LUCULL

Es ist aber nicht nur die *Pax Romana,* welche die *luxuria* von Parkanlagen ins Leben ruft, sondern es ist das Naturgefühl der Römer, das sich mit ihrem Repräsentationsbedürfnis mischt. Ein Vertreter der Gesellschaftsklasse, den diese Antriebe zur Gründung einer der berühmtesten römischen Gartenanlagen führten, war Lucius Licinius Lucullus (117–57/6 v. Chr.)[88]. *Abb. 11–15*

Plutarch[89] faßt in seiner anderthalb Jahrhunderte nach Lucullus' Tod niedergeschriebenen Biographie den Charakter dieses Mannes folgendermaßen zusammen: »Schon als junger Mensch hatte er sich um jene edlere, freie, dem Schönen zugewandte Geistesbildung bemüht, und als er älter geworden war, überließ er seinen Geist, wie nach vielen Kämpfen, ganz und gar der ruhevollen Beschäftigung mit der Philosophie, nährte seine Neigung zur stillen Betrachtung und dämpfte und unterdrückte zur rechten Zeit den Ehrgeiz.« Seinen unermeßlichen Reichtum hatte er auf überaus erfolgreichen Feldzügen in Kleinasien und Armenien in den Jahren 87–66

v. Chr. erworben. Als sein Widerstand gegen Pompeius und Caesar in den folgenden Jahren keinen Erfolg hatte, weil die Lebensform der adligen Republikaner obsolet war, baute er seine Villa auf dem Pincio, dem von nun an *collis hortulorum* genannten Steilabfall am Marsfeld, was eine Art Überleben dieser Lebensform garantierte. Was war die Quintessenz dieser Lebensform? »Die Vertreter der humanen Denk- und Empfindungsweise bei diesen Römern, den geistigen Erben eines Scipio Aemilianus und Laelius, die Mucius Scaevola, Crassus, Antonius, Catulus, Hortensius, Lucullus, Varro, kurz, die ganze illustre Gesellschaft, in deren geistige und sittliche Sphäre uns die Ciceronianischen Schriften und Briefe einführen, ist gar nicht denkbar ohne ihre Villen. Diese Männer sind so eng verknüpft mit ihren Landsitzen wie die Schnecke mit ihrem Hause. Ihre Beschaulichkeit, Empfindsamkeit, Mitteilsamkeit, ihr Geist und ihr Witz, kurz ihre ganze Persönlichkeit entwickelt sich erst dann über den

Abb. 11 Plan der Treppenanlage und des Apsidenhofes der Villa des Lucull von Pirro Ligorio, cod. Taurin. XIV.

Abb. 12 Der Collis Hortulorum mit der Apsidenanlage in den Gärten des Lucull nach der Vorstellung von Pirro Ligorio, Roma antica (1561).

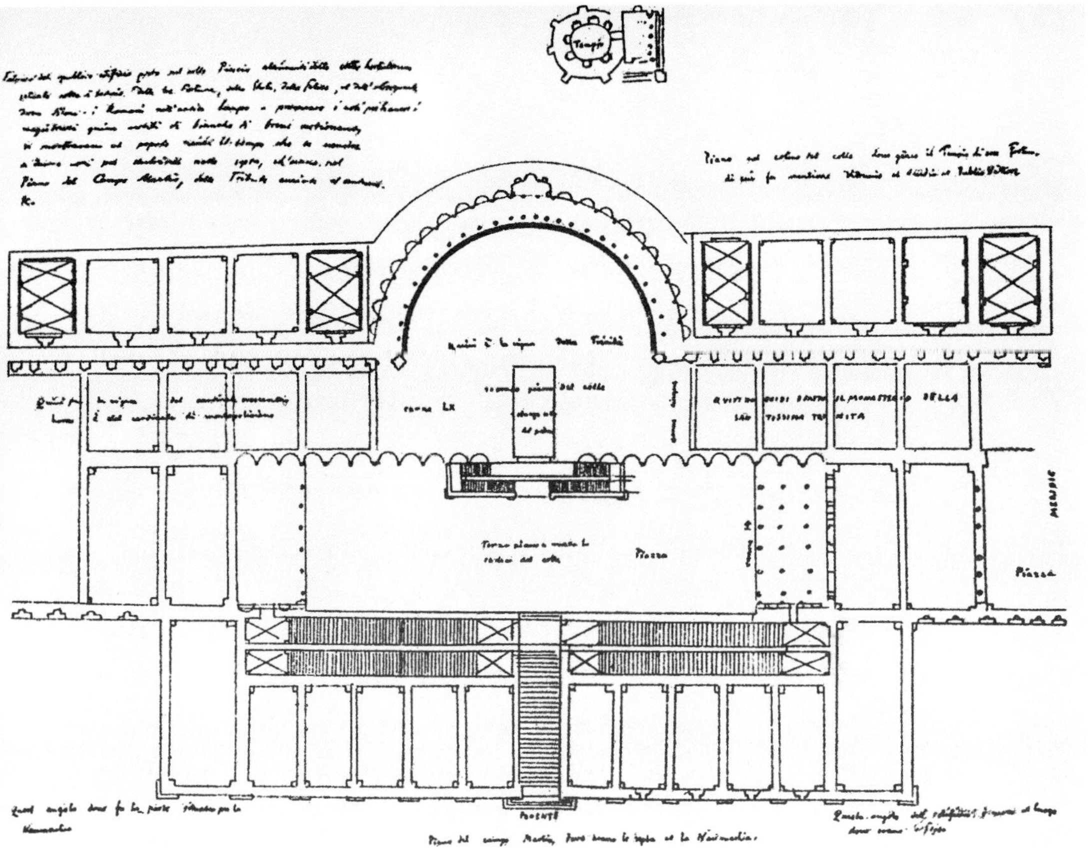
Tempio
Piazza
Piazza
PONENTE

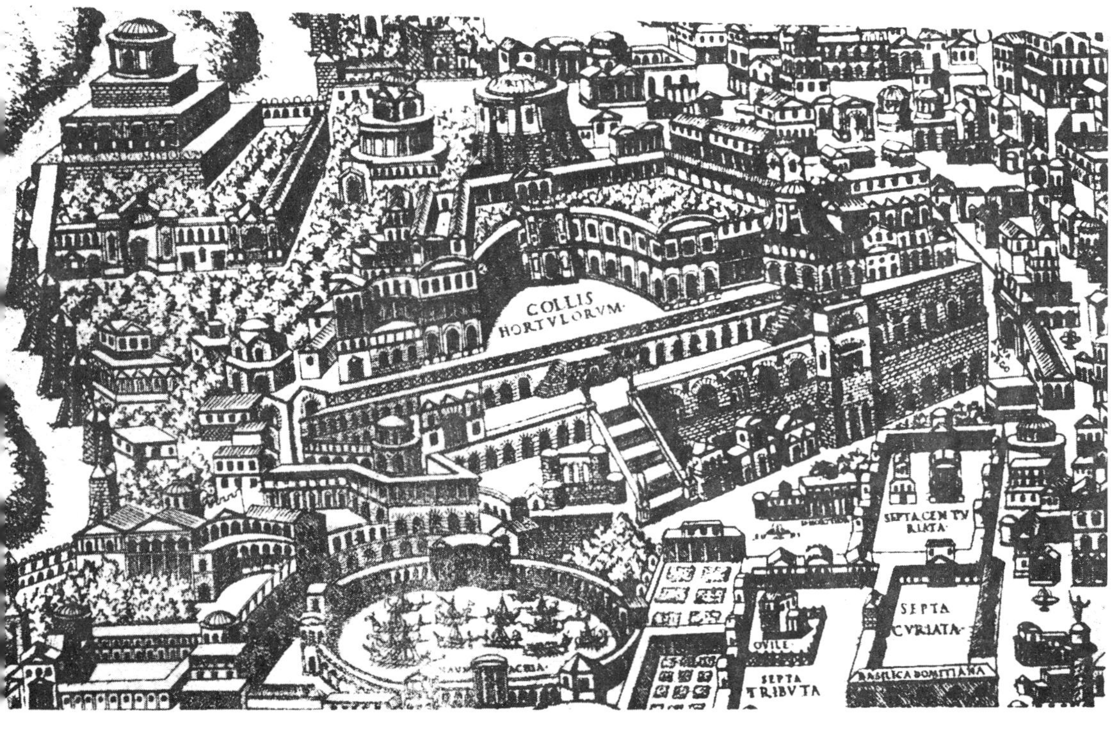
COLLIS
HORTVLORVM
SEPTA CENTVRIATA
SEPTA
CVRIATA
OVILE
SEPTA
TRIBVTA
BASILICA DOMITIANA

unmittelbarsten Pflichtenkreis hinaus produktiv, wenn sie losgelöst von der Bürde des geistlichen oder weltlichen Amtes, des senatorischen, richterlichen, anwaltlichen Berufes aus dem Toben und Getöse der unheimlichen Riesenstadt hinauseilen in die wonnigen Gefilde Italiens, in die Berge oder ans Meer«[90].

Lucullus wollte noch mehr. Obwohl er Villen in Tusculum, Baiae, Misenum und an anderen Stellen des Golfs von Neapel besaß, wollte er eine Villa in der Stadt, *rus in urbe,* und er wählte dafür einen Ort, der so geeignet war, daß viele ihn bis in die Spätantike hinein nachahmten und dort ihre Villen bauten, so daß der Ort den Namen *Collis hortulorum*[91], Gartenhügel erhielt. Noch heute dehnt sich dort die größte römische Parkanlage aus, die Villa Borghese. Gemeint ist der mit seinem Steilabfall zum Marsfeld im Nordosten der Stadt sich erstreckende Höhenrücken des Pincio.

Die Horti Luculliani[92], von denen hier die Rede sein soll, lagen auf dem Pincio unweit der Spanischen Treppe, die sie in mancher Hinsicht vorwegnahmen, linker Hand der heutigen Kirche S. Trinità dei Monti. Von dort hat man noch heute den schönsten Blick auf Rom, und dort liegt auch heute eine berühmte Villa, nämlich diejenige des Kardinals Ricci von Montepulciano von 1564, die 1576 in den Besitz

Abb. 13 Modell des Fortunaheiligtums von Praeneste, Palestrina, Palazzo Barberini.

des Kardinals Ferdinando de' Medici überging und seitdem Villa Medici heißt. Sie beherbergt seit 1801 die Französische Akademie in Rom, hat ihren Charakter einer Renaissancevilla aber behalten.
Der große Renaissance-Architekt Pirro Ligorio konnte die Ruinen der im Altertum nicht weniger berühmten Villa des Lucullus noch sehen und studieren. Er fertigte einen Plan[93] an, den er seiner eigenen Ausgestaltung der heute unter dem Namen Giardino *Abb. 11*

della Pigna bekannten Gartenanlage zwischen dem Belvedere-Hügel und dem Papstpalast am Belvedere-Hof des Vatikans zugrunde legte. Der Grundriß beider Anlagen weist erstaunliche Übereinstimmungen auf, der Aufriß war sicher ganz verschieden, weil der Halbrundbau am Kopfende nicht eine riesige, durch eine Halbkuppel bekrönte Nische, sondern eine nach oben offene Exedra war. Die beste Vorstellung vom Aufriß der Villa urbana des Lucullus kann hingegen das Heiligtum der Fortuna Primi-
Abb. 13 genia von Praeneste[94] bieten, das Lucullus sich möglicherweise, obwohl es ein Sakralbau war, zum Vorbild des Profanbaus seiner Villa in Rom genommen hat. Man muß allerdings bedenken, daß die Römer ihren Villen nicht selten eine sakrale Aura gegeben haben, indem sie sie mit Götterbildern schmückten, dem Dionysos und seinem Gefolge, der Venus oder auch den Musen weihten.

Abb. 11 Der Plan von Pirro Ligorio[95] bietet eine sich in drei Terrassen vom Marsfeld zur Höhe des Pincio, die heute von dem zwischen der Kirche Trinità dei Monti und Villa Medici liegenden Kloster eingenommen wird, hinaufstaffelnde Anlage. Die beträchtlichen Niveauunterschiede werden durch axiale Treppen und senkrecht dazu, parallel zum Hang, verlaufende, schräg ansteigende Rampen erschlossen. Von der unteren Terrasse führen eine axiale

Abb. 14 Muro Torto, Stützmauer des Collis Hortulorum an der Ost- und Nordseite, Stich von G. B. Piranesi (Campus Martius, Taf. 22).

Abb. 15 Muro Torto, Stützmauer des Collis Hortulorum um 1886.

und zwei quer dazu gelegte diagonale Treppenläufe von insgesamt etwa dreimal 25, also 75 Stufen (die Spanische Treppe zählt dreimal 36, 108 Stufen) zur mittleren Terrasse hinauf, die einen rechts und links von Säulenhallen und an der Rückseite von einer Nischenwand umschlossenen rechteckigen Platz bilden. Dieser war bepflanzt. Hundert Jahre nach der Erbauung der Villa scheinen hier hohe, schattenspendende Bäume gestanden zu haben. Wir wissen das durch folgende Nachrichten: Im Jahre 47 n. Chr. war Messalina, die vollkommen verderbte Kindfrau des Kaisers Claudius, auf den herrlichen Besitz eifersüchtig geworden. Dieser war inzwischen an einen anderen bedeutenden römischen Heerführer in Asien übergegangen, D. Valerius Asiaticus, und die Geschichte, wie Messalina diesen vornehmen Römer in den Tod getrieben hat, wird von Tacitus[96] eindrucksvoll dargestellt: »Da Messalina gierig nach dem Park trachtete, den Lucullus angelegt und den jener mit Pracht ohnegleichen verschönern ließ, klagte sie ihn an und trieb ihn in den Tod. Bevor er sich die Adern öffnete, besichtigte er den Scheiterhaufen, auf dem er verbrannt werden sollte. Er ließ ihn an eine andere Stelle schaffen, damit die schattenspendenden Bäume nicht unter der Gluthitze des Feuers zu leiden hätten.«
Das war im Jahre 47 n. Chr., über hundert Jahre

nach der Anlage der Gärten des Lucullus zwischen dessen Rückkehr aus Asien 63 v. Chr. und seinem Tod 57/6 v. Chr. In dieser Zeit konnten die von Lucull gepflanzten Bäume zu stattlicher Höhe aufgewachsen sein, und es wirft ein schönes Licht auf die Naturverbundenheit eines Römers von echtem Schrot und Korn, wenn er diesen alten Bäumen durch seinen Tod keinen Schaden zufügen wollte, selbst wenn sie in die Hände einer Messalina gerieten. Vielleicht ahnte er, daß diese Bäume nicht nur ihn, sondern auch Messalina überleben würden, die schon ein Jahr später wegen Hochverrats hingerichtet wurde.

Wenn man den Aufwand bedenkt, den Lucullus mit der Anlage seines *rus in urbe* betrieb, dann wird man nicht vergessen, daß er es war, der eine der köstlichsten Sommerfrüchte im Westen heimisch gemacht haben soll, die Kirsche.

Nördlich der Gärten des Lucullus lagen noch weitere Gärten[97], die den Familien der Acilii, d er Anicii und der Pinci eigen waren. Zu diesen Gärten gehörte auch die riesige Substruktionsmauer, die über drei- *Abb. 14. 15* hundert Jahre nach ihrer Erbauung in das römische Verteidigungswerk der zwischen 272 und 275 errichteten Aurelianischen Mauer einbezogen wurde. Heute trägt sie den Namen muro torto[98]. Ein Stich Piranesis aus dem Jahr 1762[99] gibt die Wirkung die-

ser hoch aufragenden Stützmauern wieder, die den Geländeabfall zwischen Pincio und dem heute vom westlichen Teil der Villa Borghese eingenommenen Tal gegen Erosion sichern und eine spitz nach Nordosten vorstoßende hohe Terrasse bilden. Diese gibt auch heute noch einem Park mit üppigem Baumbestand Raum. Man begreift, daß reiche Römer keine Mühen scheuten, sich wenigstens am Stadtrand ein Stück Land zu sichern, wo sie sich fern vom Lärm der Stadt, aber mit Blick auf das lebhafte Getriebe unter ihnen dem *otium* und der Beherrschung der Welt mit Blicken widmen konnten.
Der Dichter Lukrez[100] hat um die Zeit, als Lucullus seine Villa auf dem Pincio erbaute, das Lebensgefühl in Worte gefaßt, das an solchen Orten, die er als *sedes quietae* bezeichnet, die Menschen erfüllt: »Nichts ist süßer, als in den heiter-ruhigen Bezirken zu wohnen, wohlbefestigt in den Höhen durch die Lehre der Weisen, von wo man hinabschauen kann und sehen, wie die anderen hin und her irren, wie sie unstet den Weg des Lebens aufsuchen, wie sie sich streiten um Geist und Witz und um Ansehen, Tag und Nacht in niemals rastender Arbeit streben, um sich zum Gipfel der Macht zu erheben.«
Wer in einer Villa wie der des Lucull oder der Acilii stand und auf das Getriebe der Stadt hinabschaute, der strebte nicht mehr zum Gipfel der Macht, er

hatte die *sedes quietae* erreicht. Vor einem solchen geistigen Hintergrund wird der stoische Freitod des zeitweiligen Besitzers der Villa des Lucullus, Valerius Asiaticus, überhaupt erst verständlich.

DIE GÄRTEN DES SALLUST

Ein nicht weniger berühmter, jüngerer Zeitgenosse des Lucullus, der Politiker und Geschichtsschreiber Caius Sallustius Crispus[101] (86–34 v. Chr.), Autor des Buches über die Verschwörung des Catilina, suchte sein *otium* nicht auf der Höhe eines Hügels über der Stadt, sondern in der völligen Zurückgezogenheit eines Tales zwischen Quirinal und Pincio. Dieses Tal wurde 1883 zugeschüttet, ist aber durch
Abb. 16 einen Stich L. Rossinis[102] bekannt. Aus der Zeit Sallusts stammen die Stützmauern mit großen Nischen, die die ringsum liegenden Hänge sichern. Sie sind auf alten Fotografien[103] noch zu erkennen. Im übrigen ist von der Villa des Sallust inmitten des großen Parks, der sich von der heutigen Via Veneto innerhalb des später auf der Wasserscheide gebauten nördlichen Zuges der Aurelianischen Mauer zwischen Porta Pinciana und Porta Collina ausdehnte, nichts erhalten, sondern die Ruinen eines großen überkuppelten Gartensaales, die 14 m unter dem 1883 aufgeschütteten heutigen Straßenniveau in einer von der Aufschüttung ausgesparten Vertie-

Abb. 16 Tal zwischen Quirinal und Pincio, in dem die Gärten des Sallust lagen, Stich von L. Rossini, I sette colli di Roma (1828/29) Taf. 10.

fung inmitten der heutigen Piazza Sallustio liegen, stammen aus der Zeit Hadrians (117–138 n. Chr.)[104]. Der große Niveauunterschied zeigt, wie tief der Graben war, in den Sallust sich zurückgezogen hatte. Im Proömium des Bellum Catilinarium[105] begründet er diese Zurückgezogenheit damit, daß er durch Geschichtsschreibung seinem Andenken eine möglichst lange Dauer verschaffen wollte: »Das Leben selbst ist ja so kurz, das wir genießen! Der Ruhm, den uns Reichtum und Schönheit bringen, ist flüchtig und vergänglich, geistiger Wert aber ein herrlicher und ewiger Besitz.« »Als ich«, so erklärt er wenig später[106], »nach vielen Leiden und Widerwärtigkeiten wieder zur Ruhe gekommen und fest entschlossen war, den Rest meines Lebens fern von Staatsgeschäften zu verbringen, da war es nicht meine Absicht, in sorglosem Nichtstun (*socordia atque desidia*) die schöne Muße (*otium*) zu vergeuden oder gar mein Leben lang mit Ackerbau oder Jagd mich zu beschäftigen, nein ich beschloß, die Geschichte des römischen Volkes in Auswahl darzustellen.«

Die Gärten des Sallust, die wahrscheinlich die am weitesten ausgedehnten im antiken Rom waren, enthielten also keine *pars rustica,* keinen Landwirtschaftsbetrieb, sondern waren der Lebensraum erst des Historikers und später, als sie irgendwann nach dem Tode seines adoptierten Großneffen im Jahre 20 n. Chr.[107] in kaiserlichen Besitz[108] übergegangen waren, ein bevorzugter Aufenthaltsort auch der Kaiser. Besonders Vespasian wohnte hier[109], und Nerva starb hier im Jahre 98 n. Chr.[110]. Später ließen Hadrian und vor allem Aurelian[111] in den Gärten des Sallust großartige Bauten errichten. Von denjenigen Hadrians ist der schon genannte Kuppelsaal erhalten, von Aurelian eine Riesenportikus von 1000

Schritt (oder Fuß?), also mindestens 300 m Ausdehnung überliefert.

Das Gebiet der Gärten des Sallust war unvergleichlich reich an Skulpturenfunden. Später dehnte sich hier die Villa Ludovisi aus, und die Antiken der Sammlung Ludovisi, die den Grundstock des Römischen Nationalmuseums bilden, stammen zum größten Teil aus diesem Gebiet[112].

Will man eine Vorstellung davon gewinnen, wie die Bäume wirkten, die in einem solchen Park standen, gibt es einen besonderen Anstoß in den Worten D'Annunzios über seine Erinnerung an den Tag, an dem die Bäume der Villa Ludovisi, die über den Gärten Sallusts lag, gefällt wurden, um der Città Umbertina Platz zu machen. In den Vergini delle Rocce von 1896 liest man: »Die gigantischen Zypressen der Ludovisi, die der Aurora, ebendieselben, die einstmals die Feierlichkeit ihres antiken Geheimnisses über das olympische Haupt Goethes gebreitet, lagen zu Boden gestreckt (sie stehen mir immer vor Augen, wie ich sie sah an einem Nachmittag im November), zu Boden gestreckt und aufgereiht, eine neben der anderen, mit all ihren schwarzen Wurzeln freigelegt, die noch in ihrem enormen Geflecht das Gespenst eines überaus mächtigen Lebens gefangenhielten.«[113]

DIE GÄRTEN DES MAECENAS

Wenn Lucullus auf dem Gipfel eines Hügels seine Villa baute, um auf das Getriebe der Stadt hinabschauen zu können, und Sallust sich davor in ein tiefes Tal zurückzog, baute ein dritter der großen Römer des 1. Jahrhunderts v. Chr. sich in seine Villa einen hohen Aussichtsturm, um den weiten Rundblick zu genießen. Von diesem Turm sah Nero im Jahre 64 n. Chr. Rom brennen, »die Schönheit der Flammen genießend, wie er selbst erklärte«.[114]
Bekannt ist dieser Turm nur aus einer weiteren Schriftquelle, einer Ode des Horaz[115], in der dieser den Erbauer und Besitzer der Villa und des Turms, seinen Gönner Cilnius Maecenas, auffordert, alles was ihn in Rom zurückhält, zu vergessen und mit ihm auf das schlichte Landgut in den Sabiner Bergen hinauszukommen. In diesem Gedicht[116] erwähnt Horaz den Bau, der »den hohen Wolken nahe kommt«, er erwähnt den Rundblick auf Tibur, Aefula und Tusculum und beschwört ihn, sich davon loszureißen und aufzuhören, das glückliche, verqualmte, reiche und lärmende Rom zu bewundern.

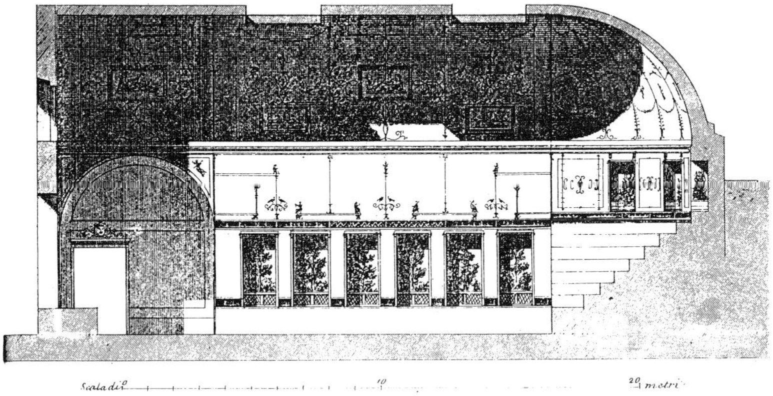

Abb. 17 Auditorium des Maecenas, Rom, Largo Leopardi, Grundriß.

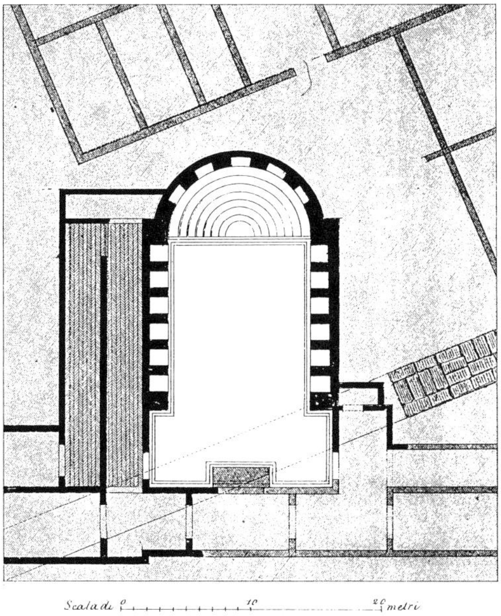

Abb. 18 Auditorium des Maecenas, Abb. 48, Querschnitt, nach Bullettino della Commissione Archeologica Comunale di Roma 2, 1874, Taf. 11.

Aus einem anderen Gedicht des Horaz[117] erfährt man, wo die Villa gelegen war, und konnte daher auch nach ihren Resten suchen, von denen ein ungewöhnlich interessanter Bau tatsächlich identifiziert werden konnte. Wir sind hier also glücklicher daran als bei den Gärten des Lucullus, von denen nur die Nachrichten Pirro Ligorios eine Vorstellung vermitteln, und bei den Gärten des Sallust, von denen man nur den Ort und spätere Überbauungen kennt.

Doch gehen wir der Reihe nach vor: In der 8. Satire des 1. Buches der Sermones spielt Horaz darauf an, daß Maecenas den Schindanger außerhalb der in der heutigen Via di S. Vito erhaltenen gebliebenen, unter Augustus erneuerten und 262 n. Chr. inschriftlich dem Kaiser Gallienus gewidmeten Porta Esquilina aufgelassen und darüber seine Gärten angelegt hatte[118]. »Hierher wurden die Leichen von Sklaven gebracht, die man aus den engen Zellen hinausgeworfen hatte, hier war das Massengrab für die Plebs, 1000 Fuß lang und 300 Fuß breit. Doch jetzt kann man gesund hier auf den Esquiliae wohnen und auf dem Wall in der Sonne spazieren, von wo man vor kurzem auf das Feld voller bleichen Gebeins nur mit Grauen hinabsah.«[119]

Maecenas hat die großen Gärten, die er in der Stadterweiterung anlegte, dem Kaiser Augustus vererbt[120], und damit begann der unaufhaltsame Prozeß, der schließlich so gut wie alle großen Gartenanlagen Roms in kaiserlichen Besitz brachte. Es ist eigenartig, daß dieser Prozeß gerade dadurch in Gang gebracht wurde, daß Augustus den privaten Luxus einzudämmen versuchte und dabei selbst mit gutem Beispiel voranging. Sein Haus auf dem Palatin war nicht von einem großen Park umgeben, wenn es auch durch seine geschickte Einfügung in die Substruktionen des Apollo-Tempels eine höhere Weihe und ein besonderes Raffinement erhielt[121]. Als Vedius Pollio ihm seinen riesigen Stadtpalast vermachte, ließ er dort im Namen seiner Gattin Livia und seines Stiefsohnes Tiberius einen großen öffentlichen Garten in einem geschlossenen Hof anlegen und schenkte ihn dem Volk[122]. Darin war auch eine Kritik an Maecenas enthalten, dessen Gärten noch zuviel privaten Luxus im Sinne der spätrepublikanischen Demonstration individualistischer Macht zeigten. Wir kommen darauf zurück. Hier sei nur folgendes vorweggenommen:

Die Tatsache, daß an die Stelle der aristokratischen später die kaiserliche, immer ausschließlicher werdende Machtdemonstration trat, war eine Entwicklung, die Augustus nicht voraussehen konnte oder wollte. Aber eine wichtige Rolle spielten dabei die Gärten des Maecenas auf dem Esquilin, die zum

Ausgangspunkt eines riesigen kaiserlichen Parks wurden. Dieser bestand aus vielen, zunächst einzelnen großen Familien gehörenden Gärten[123], die nach und nach in kaiserlichen Besitz gelangten und sich in einem breiten Gürtel über den ganzen Esquilin zogen.

Bevor wir uns dieser Entwicklung zuwenden, die unter zum Teil dramatischen Umständen einen ganzen Hügel der Siebenhügelstadt zu *rus in urbe* machte, müssen wir den einzigen anschaulichen Rest, den die Geschichte von den einstigen Gärten des Maecenas übriggelassen hat, genauer ins Auge fassen. Es ist das sogenannte Auditorium des Maecenas[124]. Das Gebäude wurde 1874 auf dem Largo Leopardi an der Kreuzung von Via Merulana und Via Mecenate ausgegraben. Die Datierung des Mauerwerks und die Wandmalereien dritten Stils aus der zweiten Bauphase lehren, daß das Gebäude in der Übergangszeit von der späten Republik zum Prinzipat errichtet wurde. Da es sich im Zentrum des Areals befindet, wo die Horti Maecenati lagen, ist die Identifikation mit einem von Maecenas
Taf. 20,2 errichteten Bau allgemein akzeptiert. Der rechteckige Bau besitzt eine Apsis, ist 24,40 m lang, 10,60 m breit, und die Mauern sind bis zum Gewölbeansatz 7,40 m hoch. Während der andere Bau in dieser Villa, von dem wir Kenntnis haben, als Turm

in den Himmel ragte, war dieser bis zur Hälfte in den Erdboden eingetieft, und man erreichte ihn an der der Apsis gegenüberliegenden Seite über eine schräg hinabführende Rampe. In jedem Fall ging es um eine Vergewaltigung der Natur durch Hoch- oder Tiefbau. In den Seitenwänden des in das Erdreich eingetieften Saales öffnen sich im unteren Wandteil je sechs Rechtecknischen auf jeder Seite, während in der Apsis der obere Teil der Wand von fünf Nischen gegliedert ist. Darunter ist ein Stufenhalbrund ähnlich der Cavea eines Theaters mit sechs Stufen aufgemauert, zu deren oberster Wasserrohre herangeführt waren. Es handelt sich um ein Nymphäum, und man muß sich vorstellen, daß auf den Halbrundstufen Kübel mit Pflanzen aufgestellt waren, die durch die festgestellten Rohre von oben bewässert wurden. Auch die Wandmalereien stellen Gartenlandschaften dar. Mitten in der gewiß auch kunstvoll gestalteten Parkanlage der Horti Maecenati fand sich also ein Raum, der wahrscheinlich als kühles Triklinium für Festmähler genutzt und in dem die Natur in verschiedenen Schritten in Kunst übergeführt wurde. Schon das Arrangement der Blumentöpfe war im Vergleich zum Park mit seiner üppigen Vegetation recht künstlich, und vollends Kunst sind die Wandmalereien an den Wänden des Saales. Zu dem römischen Begriff *rus in urbe* gehört immer der gestalterische Anspruch der Menschen, der durch das zweite Glied der auf einem Gegensatz aufgebauten Definition, nämlich *in urbe,* angemeldet wird. Natur allein genügt nicht, und *hortus* ist nicht nur Vegetation, sondern die Unterwerfung derselben unter den Willen des Besitzers. Dieser konnte in den Garten ein theatralisches Element einführen, ja ein eigenes Theater in seine Villa bauen.

In der Zeit, in der Maecenas das Trikliniumnymphäum im Zentrum seiner Villa errichten ließ, kursierte in den Kreisen der Gebildeten ein Platon zugeschriebener, aber erst damals verfaßter Traktat in Dialogform über das Weiterleben nach dem Tode, der nach dem von Sokrates angesprochenen Teilnehmer Axiochos heißt. Darin[125] gibt Sokrates eine Beschreibung des Elysiums, die er von einem Magier namens Gobryas gehört haben will: »... dort strotzen fruchtreiche Jahreszeiten von Erzeugnissen aller Art, lauterer Gewässer Quellen sprudeln, Wiesen aller Farben prangen im Frühlingsschmuck bunter Blumen, Weise besprechen sich, Dichter füllen die Theater, Reigentänze und der Tonkunst süße Klänge bieten sich dar, und wohlgeordnete Gastmähler und keine Vorbereitungen erheischende Festschmäuse sowie harmlose Freuden und ein ergötzliches Leben. Denn hier tritt weder ein Übermaß der Hitze noch eines der Kälte ein, sondern sie

Taf. 17 Paradiesesgarten, Wandmalerei im Grab des Patro Abb. 1, nach Secchi.

Taf. 18,1–19,2
Gartensaal aus der Villa der Livia
bei Primaporta, Rom,
Römisches Nationalmuseum

Taf. 19,3 Gartenmalerei, Wandgemälde in der Insula occidentalis, Pompeji VI,42.

Taf. 20,1 Wandmalerei mit Ausblick in einen Garten, aus der Villa des Agrippa Abb. 51, Rom, Römisches Nationalmuseum.

Taf. 20,2 Auditorium des Maecenas, Abb. 48, Foto.

Taf. 21,1 Gartenmalerei, Wandgemälde im Haus des Früchtegartens, Pompeji I,9,5.

Taf. 21,2 Gartenmalerei auf rotem Grund, Wandgemälde im Haus von Neptun und Amphitrite, Ercolano.

Taf. 21,3 Sonnensegel (Solarium), Wandmalerei im Haus des Epheben, Pompeji I,7,10-12,19.

Taf. 22,1 Nymphäum im Garten des Flavischen Kaiserpalastes 81-96 n. Chr.

Taf. 22,2 Rom, Palatin, Flavischer Kaiserpalast 81-96 n. Chr., Peristyl.

Taf. 23,1 Rom, Palatin, Domus Augustana, Anlage für Wasserspiele. Um 90 n. Chr.

af. 23,2 Nîmes, antiker Park mit Wasserbecken, neuzeitlich wiederhergestellt.

atmen eine in glücklicher Mischung von den Strahlen der Sonne erwärmte Luft.«

Das alles konnte man in diesen Gärten erleben, die als eine Vorwegnahme des Elysiums angesehen werden müssen. Der Traum vom Garten Eden, der aus der Genesis herüberklingt, einem, wie das Zitat der ersten Worte der Genesis beim Autor *peri hypsous* beweist, in der frühen Kaiserzeit durchaus gelesenen Text, wurde von diesen reichen Römern auf Erden verwirklicht.

◁ *Taf. 24 Blumenpflückendes Mädchen, Wandmalereifragment aus Stabiae, Neapel, Nationalmuseum.*

DIE GÄRTEN DES AGRIPPA

Abb. 19 *Taf. 20,1* Noch einen Schritt weiter als Maecenas in der Überführung der Natur in Kunst ging der andere enge Mitarbeiter des Augustus, Agrippa, der die Entscheidungsschlacht von Actium als Admiral geleitet hatte und im Jahre 21 v. Chr. durch die Heirat mit Julia, der einzigen Tochter des Augustus, dessen Schwiegersohn und designierter Nachfolger wurde. Man glaubt in ihm den Bauherrn und Besitzer der am besten bekannten Villa auf dem Boden Roms zu erkennen. Es handelt sich um die große Villa, die bei der Tiberregulierung 1878/79 auf dem Gebiet der Villa Farnesina in Trastevere ausgegraben und deren Malereireste ins Römische Nationalmuseum überführt wurden.

Glich die Villa des Lucullus dem Heiligtum der Fortuna Primigenia in Praeneste, so kann man von der Villa unter der Farnesina aufgrund des bei der Ausgrabung angefertigten Grundrisses[126] sagen, daß eine gewisse Ähnlichkeit zu der in augusteischer Zeit umgebauten Villa dei Misteri[127] in Pompeji besteht. Man kann bei einem Vergleich mit diesem

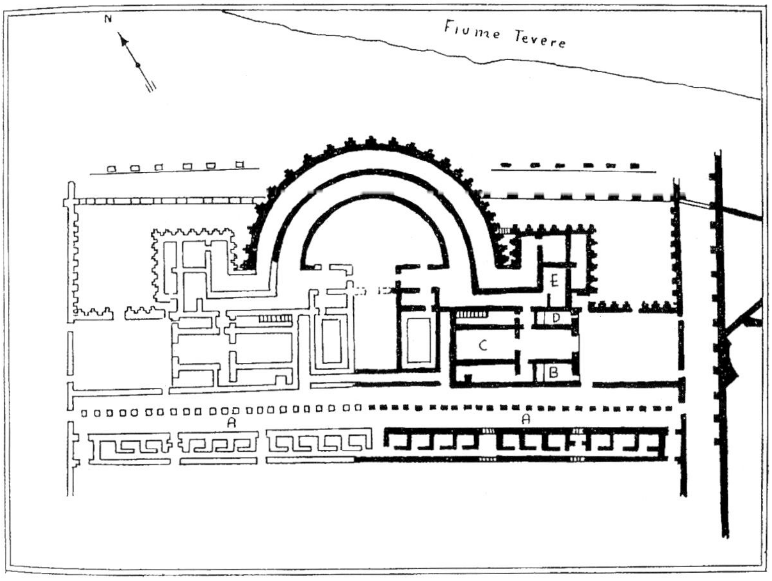

Abb. 19 Villa des Agrippa unter der Farnesina, Grundriß.

berühmten Bau eine Vorstellung von den aufgehenden Teilen der Villa am Tiber gewinnen. So wie sich bei der Villa suburbana in Pompeji eine Plattform mit halbkreisförmig ausschwingender Aussichtsterrasse zum Meer hin vorschob, so gab es bei der Villa urbana in Rom eine ähnliche Halbrundterrasse über dem Tiber. Sie wurde von einem doppelten, als Kryptoportikus ausgebildeten konzentrischen Korridor getragen, dessen Wandmalereien zum Teil gerettet werden konnten. Ungewiß ist, ob das Dach der gedeckten halbkreisförmigen Veranda von Pfeilern getragen wurde wie in Pompeji, zwischen denen große Fensteröffnungen den Blick freigeben, oder ob hier eine Säulenhalle stand. Die römische Villa war viel größer als die auch nicht gerade kleine in Pompeji. Im Vergleich kann man deshalb die Grandiosität des römischen Baus ermessen, der eine Basis Villae von circa 90 x 50 m Größe besaß, während die Mysterienvilla eine nur 65 m lange Front aufwies. Die Tiefenausdehnung ist allerdings größer, weil sich an die *pars urbana* der Mysterienvilla noch eine *pars rustica* anschließt, die in Rom fehlt. Hinter der Front der römischen Villa lagen die ähnlich wie in der Mysterienvilla verschachtelten kleineren und größeren Wohnräume, die herrlich ausgemalt waren, und eine feine, zu kandelaberartigen Elementen geschrumpfte Scheinarchitektur mit reichen Landschaftselementen aufweisen. Man kann hier den Übergang von der illusionistischen Malerei, die mit trompe-l'oeil-Effekten arbeitet und Ausblicke in ein räumliches Kontinuum jenseits der Wand vortäuscht, zu einer die Wand als Malfläche benutzenden Gartenmalerei des sogenannten dritten Stils studieren, das heißt den entscheidenden Übergang vom zweiten zum dritten Stil, der sich in den zwanziger Jahren des 1. Jahrhunderts v. Chr. vollzieht.

Was die Erbauungszeit der römischen Villa angeht, über der im Jahre 1508–11 der schwerreiche Bankier Agostino Chigi von Baldassare Peruzzi die Villa erbauen ließ, die später in den Besitz der Farnese überging und deshalb Farnesina heißt, so ist gewiß, daß sie in der Mitte der zwanziger Jahre begonnen und bald nach 20 v. Chr. fertiggestellt wurde. Die von dem holländischen Archäologen H. G. Beyen[128] begründete Hypothese ist allgemein akzeptiert worden, daß die Villa, die in einem von Caesar angelegten und von Augustus geerbten Garten *trans Tiberim* lag, zur Hochzeit der Kaiserstocher Julia 25 v. Chr. mit Marcellus begonnen und nach dessen frühem Tode durch den zweiten Ehemann Julias, Marcus Vipsanius Agrippa, um 20 v. Chr. vollendet wurde.

Agrippa war nach Augustus der zweitmächtigste Mann im Staat, und die Villa fügt sich in die Entwicklungsreihe der römischen Stadtvillen großer Politiker ein, die wir bisher verfolgt haben, bietet aber schon von der Lage her einen anderen Aspekt. Lucull suchte um 60 v. Chr. eine beherrschende Position, Sallust um 40 v. Chr. eine zurückgezogene, Maecenas um 30 v. Chr. baute sich den Aussichtspunkt in Form eines Turmes selbst, Agrippa um 20 v. Chr. wählte einen Punkt am Tiber, von dem aus er das von ihm dem Wohn- und Stadtareal hin-

zugefügte Marsfeld vor Augen hatte. Damit wird die ganze Spannweite von Villenanlagen in der Stadt deutlich.
Agrippa starb 12 v. Chr. und hinterließ zwei Söhne, Gaius und Lucius, die Augustus systematisch zu seinen Nachfolgern aufbaute. Tiberius, der Stiefsohn und dritte Gatte der Tochter des Augustus, mußte hinter ihnen zurückstehen. Er wohnte im Haus seiner Mutter auf dem Palatin, ging 6 v. Chr. ins Exil nach Rhodos, und nachdem er von dort zurückgekehrt war, wohnte er in der Villa des Maecenas. Nach dem frühzeitigen Tod der Augustusenkel wurde er am 26. Juni 4 n. Chr. von Augustus adoptiert und zum Nachfolger ausersehen. Als Kaiser baute er einen Palast auf dem Palatin, die Domus Tiberiana, die er nach Plinius[129] von griechischen Bildhauern mit trefflichen Bildwerken schmücken ließ. Eine eigene Stadtvilla hat er genausowenig anlegen lassen wie Augustus. Dafür baute er an zwei Orten, durch die er mit seinen Ahnen verbunden war, große Villen: die eine gemeinsam mit seiner Mutter Livia in Tusculum[130]. Direkt unterhalb dieser Villa liegt das Gebiet von Regillum, woher die Claudier nach Rom gekommen waren. Die andere besaß er in Sperlonga[131] mit Blick auf den Monte Circeo, das Eiland der Circe Aiaia, wo der Sohn des Odysseus Telegonos geboren ward, der Tusculum

gründete und deshalb als Stammvater der Claudier verehrt werden konnte.
Mit dem Bau der Villa des Agrippa am Tiber kann die republikanische Phase der Anlagen von *rus in urbe* als abgeschlossen gelten. Villen wie die bisher betrachteten sind aus der Kaiserzeit nicht bekannt. Das bedeutet nicht, daß die Geschichte der Gärten in Rom zu Ende ist. Im Gegenteil. Es beginnt aber eine neue Phase, die im wesentlichen vom Kaiserhaus bestimmt ist.

DER PALATIN

und die typischen Elemente römischer Gartenbaukunst

Abb. 20 Hatten, so fragt man sich, die Kaiser mit dem Palatinischen Hügel nicht genug, der in republikanischer Zeit das bevorzugte Wohngebiet der Aristokraten gewesen und im Verlauf des 1. Jahrhunderts zum alleinigen Besitz des Kaisers geworden war? Der Begriff Palast ist schließlich von Palatin abgeleitet. Hier hatten zuvor wenigstens siebzehn Senatoren ihre Häuser, darunter der Redner Lucius Licinius Crassus[132], dessen Haus weder wegen des Grundstücks noch wegen der Baumasse, sondern wegen seiner sechs mächtigen, 20 m hohen Zürgelbäume, einer Ulmenart, so außerordentlich wertvoll war. Plinius[133] konnte diese Bäume noch bewundern, bevor sie 64 n. Chr. im neronischen Brand zugrunde gingen. Cicero schrieb an seinen Bruder Quintus[134], daß sein Haus auf dem Palatin ihm »alle Freuden« bot, »die ein Garten bereithält«. Hortensius[135] hatte hier ein Haus mit Garten, das Augustus ihm abkaufte

und das zur Keimzelle des Kaiserpalastes wurde. Seine endgültige Form erhielt der Kaiserpalast erst durch Domitian (81–96 n. Chr.)[136], doch was von den Palästen des Tiberius, Claudius und Nero noch kenntlich ist, lehrt, daß das, was *rus in urbe* bezeichnet, auch von den Kaisern in hohem Maße gepflegt wurde.
Vom Palast des Tiberius kennt man nur die Grundfläche, die jedenfalls einen enormen Gartenhof einschloß. Die Erforscherin der antiken Gärten auf dem Palatin, Maria Antonietta Tomei[137], fragt sich mit Recht, ob nicht noch Spuren dieser Gartenanlagen im 16. Jahrhundert kenntlich waren, die die Farnese veranlaßten, hier ihre berühmten, noch heute weitgehend erhaltenen Orti Farnesiani in einer authentischen Wiedergeburt (Renaissance) erstehen zu lassen.
Nero verband nach dem Brand von 64 den Palatin mit dem Oppius. Früher glaubte man, daß ein prachtvoller Nymphäumsbau, der unter dem Domitianspalast ausgegraben wurde und eine gute Vorstellung von der Pracht des kaiserlichen Wohnbereichs julisch-claudischer Zeit geben kann, von der Domus Transitoria des Nero (54–68 n. Chr.) stammt, doch wurde er wahrscheinlich schon von seinem Vorgänger Claudius (41–54 n. Chr.)[138] errichtet. Auf jeden Fall kennt man aus allen Phasen der Entwicklung des Palatin zum beherrschenden römischen

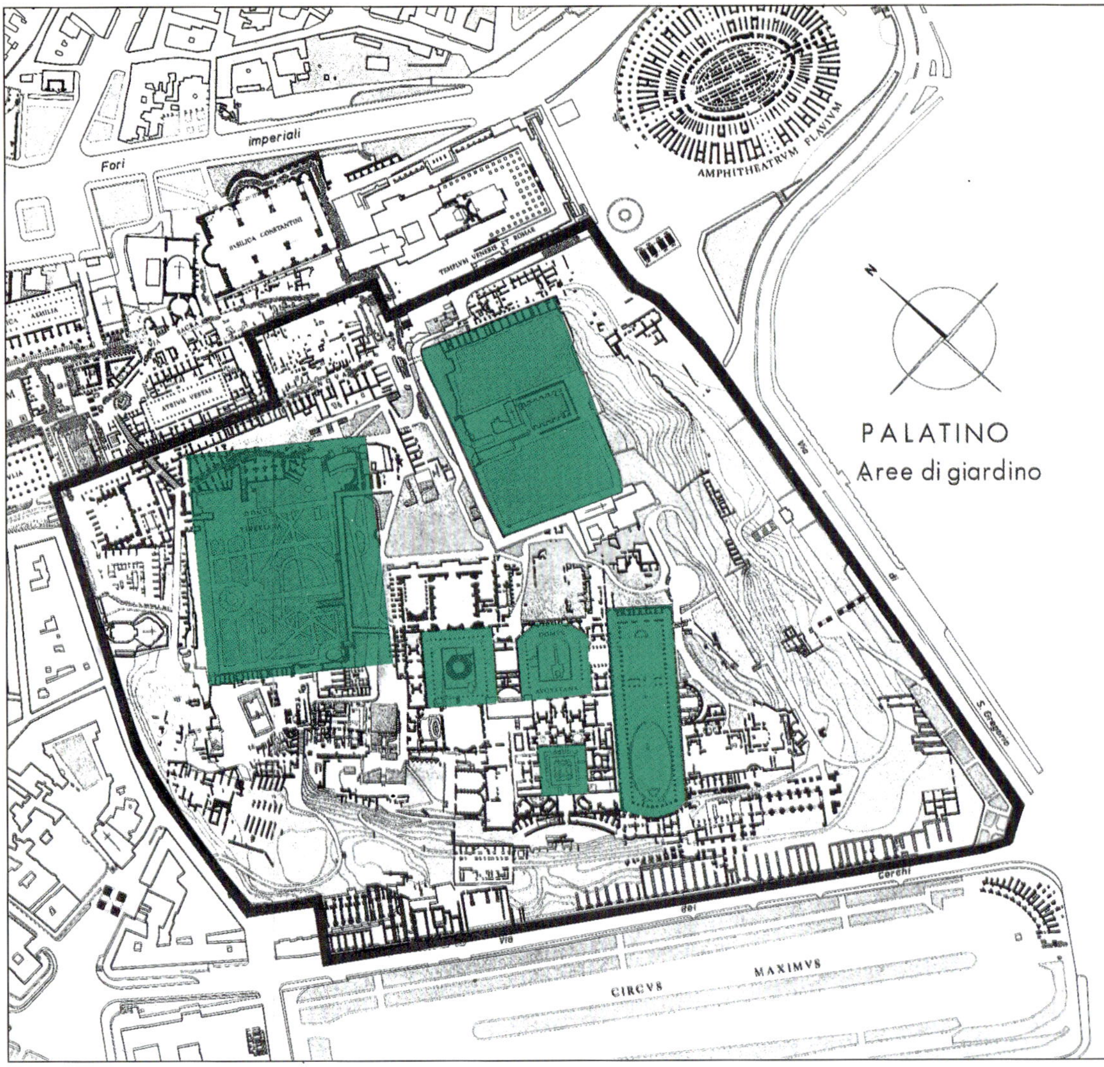

Abb. 20 Plan des Palatin mit Grünanlagen, nach M. Tomei.

Kaiserpalast signifikante Überreste. Die Rolle, die dabei der Wunsch nach *rus in urbe* spielte, kann nichts deutlicher zeigen als ein Plan, in dem die antiken Grünflächen auf dem Palatin eingezeichnet sind[139]. Unter diesen sind einige Gartentypen nach den Ausgrabungen vom Beginn des 20. Jahrhunderts wieder anschaulich geworden, die einer wenigstens kurzen Betrachtung bedürfen. *Abb. 20*

Die zwölf wesentlichen Elemente, die in der Gartengestaltung Anwendung fanden, sind hier fast alle in einem oder mehreren Beispielen noch kenntlich. Wir führen sie in alphabetischer Reihenfolge auf. *Taf. 22. 23. 25–27*

Ambulatio ist ein Gartenweg, wie man sie auf dem Palatin in den heutigen Orti Farnesiani zwischen den Beeten, Rasenflächen und den Busch- und Baumzonen begehen kann.

Dietae sind Gartenpavillons. In einem solchen, der nach den darin aufgestellten Hermen Hermaeum hieß, verbarg sich Claudius nach der Ermordung des Caligula und wurde dort von den Soldaten gefunden[140]. *Taf. 26,1*

Euripus ist ein Becken im Garten, deren man zwei hintereinandergeschaltete im oberen Peristyl der Domus Flavia sieht. *Taf. 25,2*

Frons scenae ist eine säulengegliederte Schauwand, wie sie das wahrscheinlich claudische Nymphäum[141] *Abb. 21* unter der Coenatio Jovis, dem großen Speisesaal der Domus Augustana, bietet.

Gestatio nannte man die breiteren Wege, die sich um den Komplex der Beete herumzogen oder diesen in gerader Richtung durchquerten und die nötige Breite für eine Sänfte oder einen Tragsessel hatten.

Hippodrom bedeutet im Gartenbau nicht eine Rennbahn, sondern »eine in Form eines langen Rechtecks angelegte, an der einen Schmalseite in einen Halbkreis endende Parkanlage zum Reiten und Fahren, welche von verschiedenen Alleen durchzogen und

Taf. 25,1 auch mit Rasenplätzen geschmückt war«.[142] Das

Abb. 22 Musterbeispiel ist das fälschlich so genannte Stadium der Domus Augustana[143], an dessen äußere Langseite Hadrian eine große Exedra mit Halbkuppel anfügen ließ. Von dieser aus konnte man in den tiefgelegenen Park hineinschauen, der unter Septimius Severus mit einer Arkadenhalle umgeben wurde. Der elliptische Einbau in der Südhälfte des Gartens stammt nach den Ziegelstempeln erst aus der Zeit der Gotenkönige Theoderich der Große (474–526) und Athalarich (526–534) und diente vielleicht als Zwinger für wilde Tiere[144].

Taf. 22. 23 *Nymphaeum* ist ein architektonisch gestaltetes Wasserspiel, deren wir auf dem Palatin eine ganze Musterkollektion finden. Besonders interessant ist das kleine mit Wandmosaik und Muschelumran-

Abb. 21 Palatin, Claudischer Kaiserpalast, Nymphäum in Form einer Scenae Frons, nach Topham-Codex, Eaton.

dung verzierte Nymphäum im Haus des Augustus[145], das früheste in einer langen Serie, deren Weiterentwicklung man in Sperlonga, Capri und Pompeji verfolgen kann[146]. Von der großen Formenvielfalt römischer Nymphäen zeugen diejenigen unter der Coenatio Jovis und in den seitlichen Höfen dieses als Oecus Cyzicenus gebauten Trikliniums[147].

Peristyl ist die auch bei den Römern häufigste Form der Garteneinfassung durch eine Säulenhalle, die eines ihrer großartigsten Beispiele mit 52 Säulen in der Domus Flavia des Kaiserpalastes[148] hat. Im *Taf. 27*

Zentrum dieses aus kostbaren Buntmarmoren von Chemtou und Synnada erbauten Peristyls liegt ein labyrinthartiges achteckiges Fundament aus Ziegelsteinen, die ein Pflanzenbeet formten, wie man es in den Farnesinischen Gärten heute noch in natura sehen kann.

Piscina ist ein Schwimmbecken, deren zwei uns auf dem Palatin schon unter dem Begriff Euripus begegnet sind. Für Nero wurde ein solches Becken in der Villa von Oplontis[149] angelegt, und Kaiser Hadrian ließ das größte dieser Art in der sogenannten Pecile
Taf. 25,2 der Villa Hadriana[150] erbauen.

Porticus ist eine Säulenhalle, die eines der wichtigsten Elemente der griechisch-römischen Baukunst war. Ein Peristyl bestand aus Portiken auf allen vier Seiten des Rechtecks.

Taf. 21,2 *Solarium* war ein Sonnensegel im Garten. Man sieht ein solches im gelben Fries des Hauses der Livia auf dem Palatin[151]. Es war ein wesentliches mobiles Element der Gartenbaukunst, das natürlich vergänglich war und in keinem Fall erhalten blieb, das aber für den Genuß der Gärten auch in der heißen Jahreszeit eine wichtige Voraussetzung war. Ein solches Solarium half Claudius, sich auf einer Terrasse des Palatin zu verbergen, als er nach der Ermordung des Caligula um sein Leben fürchtete, aber von den Soldaten gefunden und zum Kaiser gemacht wurde[152].

Abb. 22 Rom, Palatin, Hippodrom Abb. 60, Rekonstruktionszeichnung nach Hülsen.

Xystus ist ein Promenadenweg in den Gärten römischer Villen. Ursprünglich bezeichnete Xystos die überdeckte Laufbahn eines Gymnasiums, während der Xystus »als Allee ... wesentlicher Bestandteil römischer Gartenanlagen« ist: »Er erstreckt sich vor der Fassadenportikus der Villa und erschließt von dort aus die freie Landschaft[153], er säumt Portiken und Kryptoportiken[154], trennt sie vom Flußufer[155] und findet sich in Verbindung mit Säulenhallen und -höfen in öffentlichen Anlagen«.[156]

ADONISGÄRTEN

Abb. 23 Schließlich lag möglicherweise eine ganz besondere Art von Garten in Rom auf dem Palatin, den man von verstreut gefundenen Fragmenten des severischen Marmorplans und einer Erwähnung in der Lebensbeschreibung des Philosophen und Wundermannes Apollonios von Tyana[157] kennt. Mit dieser Lebensbeschreibung hatte die Kaiserin Julia Domna, Gattin des Septimius Severus (193–211 n. Chr.), den Sophisten Philostratos beauftragt, und dieser berichtet darin (7,32), Apollonios sei im Jahre 95/96 n. Chr. vor den Kaiser Domitian gebracht worden, als dieser sich gerade im Hof des Adonis aufhielt. »Dieser Hof prangte von Blumenkästen, wie sie die Assyrer dem Adonis an seinem Feste in ihren Häusern anlegen und weihen.«[158]

Diese Nachricht hat man schon immer mit den erwähnten Adonea des Marmorplans[159] kombiniert, aber erst neuerdings[160] hat man die richtige Deutung des Grundrisses gefunden. Ein T-förmiger Hof, der von Säulenhallen eingefaßt ist, zeigt im Inneren viele Reihen dicht nebeneinanderliegender Punkte,

'af. 25,1 *Rom, Palatin, Kaiserpalast, sogenanntes Hippodrom.*

'af. 25,2 *Villa Hadriana bei Tivoli, Euripus.*

Taf. 26,1 Ercolano, Gestatio und Dietae im Haus der Hirsche.

Taf. 26,2 Ercolano, Haus der Hirsche Abb. 63, Ambulationes im archäobotanisch wiederbepflanzten Garten.

Taf. 27,1 Pompeji VI,15,1, Haus der Vettier, Peristyl mit archäobotanisch wiederbepflanztem Garten.

Taf. 27,2 Dasselbe.

Taf. 28,1 Ostia, Case con Giardino.

Taf. 28,2 Mietskaserne in Ostia, Modell im Museo della Civiltà Romana, Rom.

Taf. 29,1 Ostia, Haus von Amor und Psyche, von der Eingangsseite.

Taf. 29,2 Amor und Psyche im gleichnamigen Haus in Ostia.

Taf. 30.1

Taf. 30.31 Ostia, Haus der Fortuna Annonaria. *Taf. 32 Farnesischer Stier, Neapel, Nationalmuseum.* ▷

Taf. 30.2

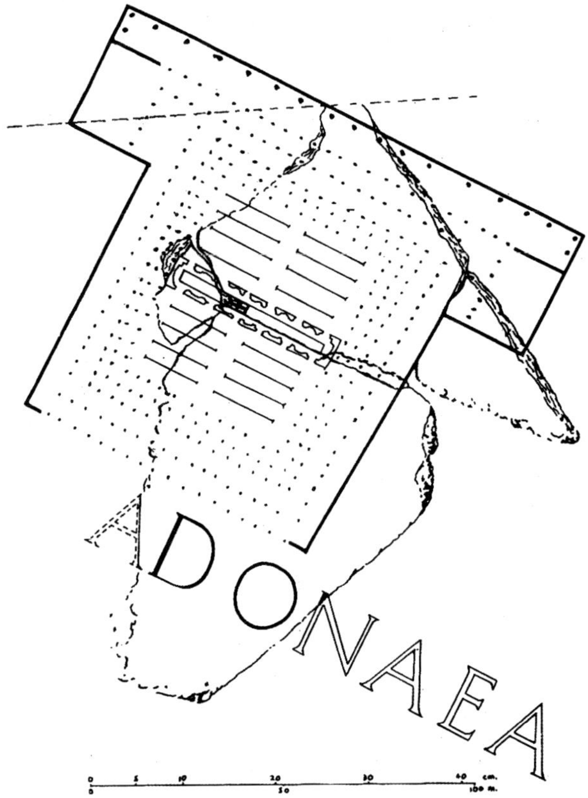

Abb. 23 Adonaea im Marmorplan des antiken Rom, nach Lloyd.

die offenbar Pflanzen in Tontöpfen angeben sollen. Und was noch wichtiger ist, bei den jüngsten französischen Ausgrabungen[161] wurden im Areal der sogenannten Vigna Barberini im nordöstlichen Quadranten des Palatin nördlich vom späteren Tempel des Elagabal in den Boden eingelassene, beim größten Durchmesser halbierte Amphoren gefunden, die in Reihen angeordnet waren und Reste von Pflanzenwurzeln enthielten. Es erscheint deshalb möglich, daß es sich um den auf dem Marmorplan und bei Philostrat als Adonea bezeichneten künstlichen Garten handelt, in dem die wahrscheinlich exotischen Zierpflanzen in Töpfen angeordnet waren. Als Adonisgärten bezeichnete man im Altertum Pflanzen in Tontöpfen, die mit leichter Erde gefüllt waren, im Sommer zu Ehren des Adonis schnell sproßten, aber wie dieser bald starben[162].

In den Adonea auf dem Palatin in Rom war diese Form, die es jedem Menschen in Rom ermöglichte, sein absolut miniaturhaftes Fleckchen *rus in urbe* wenigstens auf dem Fensterbrett zu besitzen, ins Monumentale gesteigert.

Auch darin wurde das Volk von Rom durch die Kaiser maßlos übertrumpft. Die eingangs gestellte Frage, ob denn den Kaisern der Palatin und seine Gärten nicht genügten, so daß sie nach und nach alle großen Gärten Roms in ihre Hand bringen mußten, ist damit andeutungsweise beantwortet. Ein großer Garten in der Stadt Rom war eine Machtdemonstration[163], und eine andere Macht konnten die Kaiser in Rom neben sich nicht dulden. Doch sie taten etwas anderes, sie stifteten dem Volk von Rom öffentliche Gärten, und es ist sehr interessant zu sehen, wie diese geformt waren.

GARTEN UND PROMENADE

Die erste große Gartenanlage in Rom nach Agrippa, von der nicht nur die Schriftquellen berichten, sondern von deren Art man sich aufgrund der archäologischen Reste und der in den Grundzügen bekannten Topographie eine gewisse Vorstellung machen kann, ist das schon erwähnte Goldene Haus Neros[164].

Zwar gibt es nicht wenige Nachrichten über Gärten spätrepublikanischer großer Persönlichkeiten, die in der frühen Kaiserzeit in die Hände neuer Besitzer übergehen oder aufgelassen und den Wohngebieten mit enger Bebauung zugewiesen werden, und auch von der Neuanlage von Gärten besonders *trans Tiberim* und auf dem Esquilin ist die Rede, aber es fehlt die Anschaulichkeit. Immerhin tritt ein Vorgang in den Vordergrund, auf den schon mehrfach angespielt wurde.

Die Gärten der großen Familien gehen teils durch Erbgang, teils durch Konfiskation in kaiserlichen Besitz über. Die Annalen des Tacitus berichten im Fall der Lollia Paulina[165], der Besitzerin der Horti

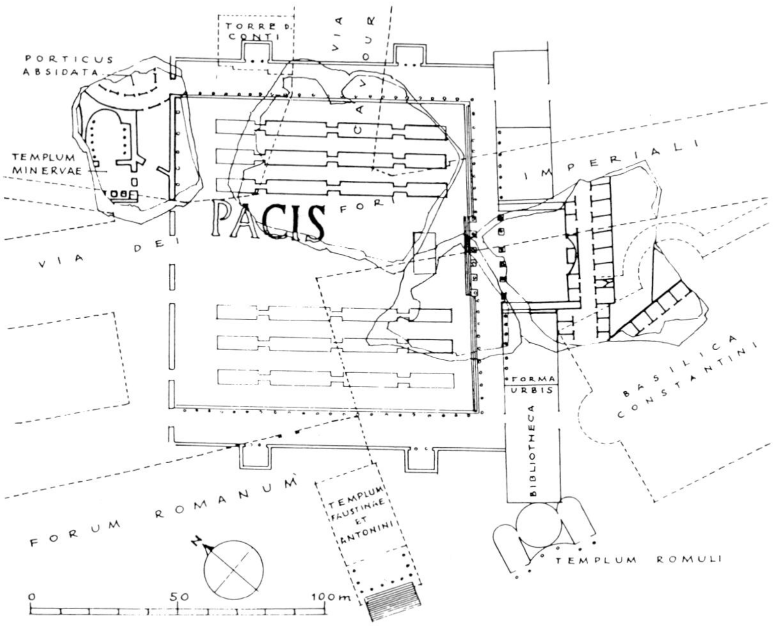

Abb. 24 Rom, Friedenstempel, nach dem antiken Marmorplan von Rom, nach Gatti.

Lolliani auf dem Esquilin, und im Fall des T. Statilius Taurus[166], Besitzers der nach Norden und Osten an die Maecenas-Gärten anschließenden Horti Tauriani, ausführlich davon, wie das Kaiserhaus und namentlich Agrippina, die dritte Frau des Claudius, vorgingen, um in den Besitz der begehrten, weit ausgedehnten Grundstücke zu kommen. Die Besitzer wurden des staatsgefährdenden Umgangs mit Magiern angeklagt und verbannt oder in den Freitod

getrieben. Während Augustus die Gärten des Maecenas und Tiberius diejenigen des Sallust noch geerbt hatten, gingen zu Zeiten Caligulas die Horti Lamiani et Maiani[167], die im Süden an die Gärten des Maecenas grenzten, auf gewaltsame Weise in kaiserlichen Besitz über, und unter Claudius beschleunigte sich, vor allem auch wegen der angeblichen Habgier seiner Frauen, dieser Prozeß.
Es ist aber ein auch durch die Konsolidierung der Monarchie verständlicher Prozeß, der im gleichen Maße, in dem die Auswüchse der Monarchie durch Ermordung der Tyrannen Nero und Domitian zurückgeschnitten wurden, auch zu einer Überführung von Gartengrundstücken in Bauland für öffentliche Bauten weiterschritt. Das eklatanteste Beispiel ist die völlige Auslöschung des riesigen Parks um das Goldene Haus des Nero, auf dessen Gebiet das Flavische Amphitheater und die Thermen des Titus und des Trajan zum Wohl des ganzen Volkes erbaut wurden[168].
Auch die anderen gewaltigen Kaiserthermen, die des Caracalla im Süden[169] und des Diokletian im Norden[170], wurden auf dem Grund und Boden ehemaliger Parks errichtet, die letzteren zum Beispiel in den Gärten des Sallust. Die Gewohnheiten der ständig gewachsenen Bevölkerungszahl von Rom, die auch Bauland für Wohnungen auf den Garten-

grundstücken gefunden hatte, mußten sich notgedrungen ändern. Man fand seine Rekreation nicht mehr in den Parks, sondern in den Bädern. Mit diesem Prozeß ging ein anderer Hand in Hand, den schon Augustus eingeleitet hatte. In staatsmännischer Klugheit wußte er, daß seine Macht nicht auf purer Stärke, sondern auf einem *consensus omnium* beruhte. Seine Taten und seine Gesetzgebung hatten auch einen sozialen Charakter.

Ein interessantes Beispiel in bezug auf das Thema *rus in urbe* ist mit der Entstehung einer richtungweisenden Gartenanlage in Rom, der Porticus Liviae[171], verbunden. Im Jahre 15 v. Chr. hatte der wegen seines rücksichtslosen Luxuslebens berüchtigte Ritter Vedius Pollio dem Kaiser seinen Stadtpalast im dichtbesiedelten Gebiet der Subura vererbt. Das Haus war, wie Ovid[172] sich ausdrückt, so groß wie eine Kleinstadt. Augustus, so fährt Ovid fort, hatte den Mut, als Erbe den gewaltigen Bau zu zerstören und das Beispiel der *luxuria* in ein Beispiel der *concordia* zu verwandeln, indem er an seiner Stelle einen durch den severischen Marmorplan der Stadt Rom bekannten, von doppelter Säulenhalle umgebenen großen Rechteckplatz mit Gartenhof, eine Promenade für das Volk schaffen ließ, *rus in urbe,* das allen zugute kam. »Die Wirkung des Neubaus der Porticus Liviae auf die Bewohner muß eindrucksvoll gewesen sein. Wer aus dem Gewirr der dunklen Gassen in die Weite des Porticus eintrat, muß Helligkeit, Pflanzen, gute Luft und Kunstwerke doppelt genossen haben.«[173] Und es machte Schule, so wie die Porticus Liviae sich ihrerseits in gewisser Weise an der *Porticus post scaenam* des ältesten steinernen Theaters in Rom orientierte, das Pompeius 55 v. Chr.[174] auf dem Marsfeld errichtet hatte. An vergleichbaren Bauten der Folgezeit sind zu nennen die Porticus Vipsania[175], auf die Martial aus seiner Mietwohnung auf dem Quirinal blicken konnte, die Gärten des Agrippa auf dem Marsfeld[176], die Gärten Caesars *trans Tiberim*[177], die *Adonea* auf dem Palatin, die nur durch den Marmorplan bekannt sind[178], das Friedensforum des Vespasian[179] und nicht zuletzt der Isistempel auf dem Marsfeld, über den noch etwas Besonderes zu sagen ist, weil es symptomatisch für die Entwicklung im 2. Jahrhundert ist.

War das *Forum Pacis*[180], das Vespasian aus der Beute des jüdischen Krieges, der 70 n. Chr. mit der Zerstörung des Tempels von Jerusalem endete, zwischen Forum und Subura, anschließend an die Kaiserfora errichten ließ, noch unter dem unmittelbaren Einfluß der nahe gelegenen Porticus Liviae erbaut worden als Gartenhof mit Pflanzenrabatten in einer weiten Säulenhalle, in deren Stirnseite der Tempel *Abb. 24*

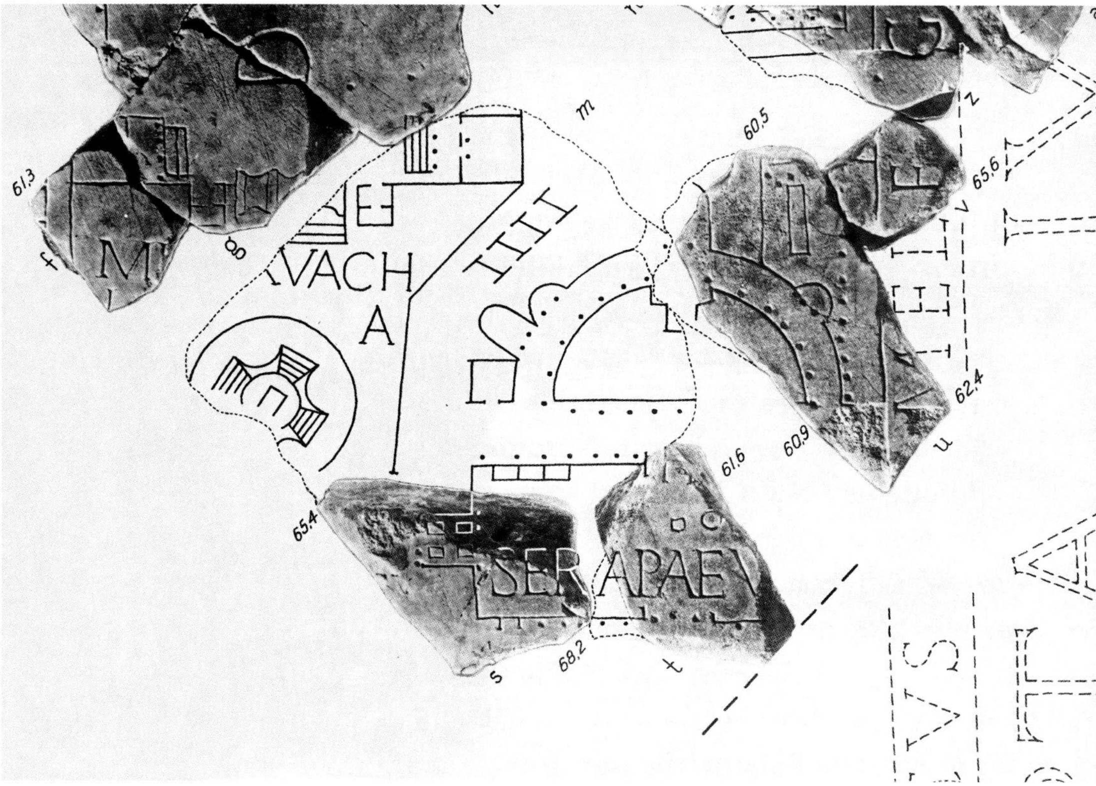

Abb. 25 Iseum und Serapeum im antiken Marmorplan von Rom, Forma Urbis Romae 98.

der Friedensgöttin inkorporiert ist, so wurde der schon 43 v. Chr. gegründete Isistempel zwei Jahrhunderte später, zur Zeit des Kaisers Hadrian (117
Abb. 25 bis 138), um einen Gartenkomplex erweitert, der
Abb. 26 sich am Serapeum der Villa dieses Kaisers bei Tivoli orientierte. Wieder ist nur der Grundriß[181] im severischen Marmorplan der Stadt erhalten, der übrigens an der Wand eines Annexes des Forum Pacis angebracht war. Der Isistempel auf dem Mars-

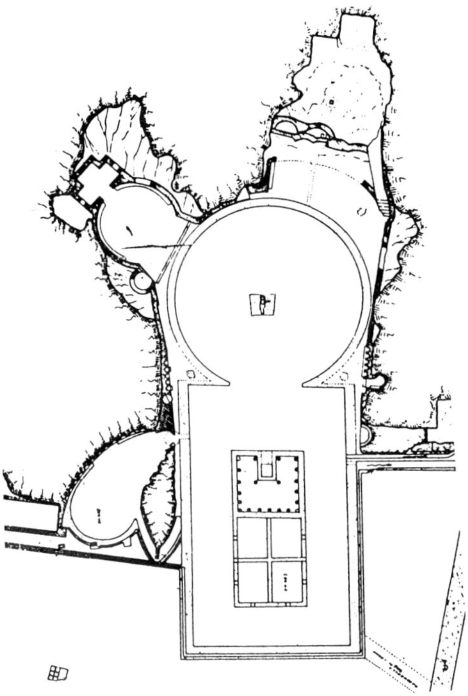

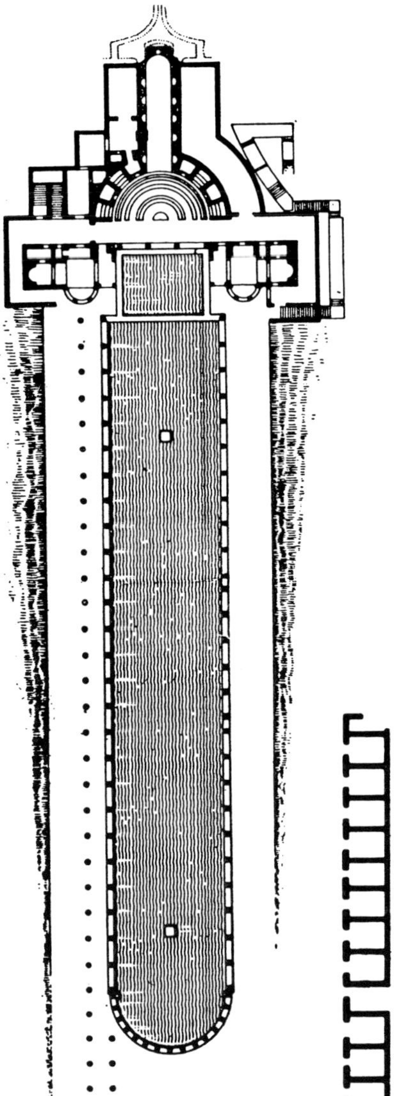

Abb. 26
Vergleich der Grundrisse des Praetorium Speluncae bei Sperlonga und des Canopustales in der Villa Hadriana, nach Rakob.

feld, unter der heutigen Kirche Santa Maria sopra Minerva und dem östlich anschließenden Gebiet begraben, war, wie gesagt, bereits eine spätrepublikanische Gründung, der Tempel war aber nach einem Brand im Jahre 30 n. Chr. von Caligula und nach einem weiteren Brand von Domitian erneuert worden.

Unter dem Thema »*rus in urbe*« interessiert aber vor allem die große Apsidenanlage mit Gartenhof, die Kaiser Hadrian gegenüber dem eigentlichen Tempelhof im Süden zum Andenken an den 130 n. Chr. im Nil ertrunkenen Geliebten Antinous[182] anlegen ließ. Es ist ein Bau auf halbkreisförmigem Grundriß, dessen Genese sich nur aus den Ereignissen nach dem Tode des Antinous erklären läßt.

124 n. Chr. hatte Hadrian in seiner riesigen Villa bei Tivoli am Ende eines von einem großen Euripus eingenommenen Tales eine weite Apsidenanlage als sogenanntes *Antrum Cyclopis* angelegt[183]. Dieser Bautypus hatte sich aus der natürlichen Höhle von
Abb. 26 Sperlonga entwickelt, in der Kaiser Tiberius die Ruhmestaten seines vermeintlichen Stammvaters Odysseus darstellen ließ. Darunter war auch die Kopie einer großen hellenistischen Gruppe der Blendung des Kyklopen Polyphem. Eine Replik dieser Gruppe wurde auch in der zwischen 124 und 126 n. Chr. errichteten künstlichen Höhle am Euripus

Abb. 27 Antrum Cyclopis (124 n. Chr.) in der Villa Hadriana bei Tivoli, das nach dem Tode des Antinous (130 n. Chr.) in ein Serapeum umgewandelt wurde.

der Villa Hadriana aufgestellt[184]. Als Antinous 130 n. Chr. im Nil ertrank, wurde der Euripus in Nil umbenannt, die Polyphemgruppe wurde entfernt, und an ihrer Stelle wurde eine ägyptisierende Statuengruppe der Wiedererweckung des Antinous als Serapis aufgestellt[185]. Das *Antrum Cyclopis* wurde in Serapeum umbenannt und konnte als solches zum Vorbild für die Apsidenanlage mit Wasser und Gartenkünsten gegenüber dem Isistempel werden. Diese Erweiterung erhielt, wie der Marmorplan bezeugt, den Namen Serapeum und war doch nichts anderes als die Übertragung des typischen Elements einer Villa auf dem Land in die Stadt, kurz *rus in urbe*.

Die Entwicklung der großen Gärten und Promenaden in der Stadt war damit nicht abgeschlossen, aber sie verlangsamte sich und verlor auf jeden Fall ihren schöpferischen Elan. Auch wissen wir sowohl aus den Schriftquellen als auch von archäologischen Zeugnissen nur wenig davon, und das scheint kein Zufall zu sein. Aber wenigstens eines großen Baus in einer Parkanlage aus späterer Zeit ist noch zu gedenken, weil er eines der eindrucksvollsten Baudenkmäler in Rom ist und bis zur Spitze des Kuppeldachs aufrecht steht. Es ist der sogenannte Tem-
Abb. 28 pio della Minerva Medica, der jedem mit der Bahn in Rom Ankommenden als eines der ersten Monu-

Abb. 28 Rom, sog. Tempel der Minerva Medica, Nymphäum in Form eines dekagonalen Kuppelsaals in den Gärten der Licinier, Stich von G. B. Piranesi, Vedute di Roma, Taf. 74.

mente des antiken Rom ins Auge fällt: Ein zehneckiger, mit einer Kuppel überwölbter Zentralbau[186], der zu den Palastbauten in der Villa des Kaisers P. Licinius Gallienus (253–268) in den Horti Liciniani gehörte. Dies waren die letzten auf dem Esquilin angelegten Gärten, und sie benutzten wahrscheinlich jene Teile des esquilinischen Parkgürtels, die Claudius und Nero ihren Ministern aus dem Freigelassenenstand Pallas[187] und Epaphroditus[188] überlassen hatten. Riesige als Gartenpavillons genutzte Kuppelsäle waren vor allem in der Villa Hadriana entwickelt worden. Sie dienten als Nymphäen und als Empfangssäle. Technisch gesehen waren es freigestellte Thermensäle. Ein solcher Kuppelbau in den Gärten des Kaisers Gallien zeigt, daß auch in der späteren Antike der Bedarf an kunstvoller Durchdringung von *rus* und *urbs* nicht obsolet war. Begriff und Form lebten in den byzantinischen Gärten und in den Gärten des Islam[189] weiter und wurden in den Villen der Renaissance wieder aufgenommen, die heute entweder überbaut sind wie die Villa Ludovisi-Boncompagni und die Villa Montalto des Papstes Sixtus V. (1585–1590) oder öffentliche Parks geworden sind wie die Villa Borghese oder die Villa Pamfilij, die jetzt die Lungen Roms sind. Auch wenn diese Gärten in der Stadt uralte Ursprünge in Ägypten, in Babylon (Hängende Gärten der Semiramis!) und in Griechenland haben, so sind sie doch erst in Rom zum Begriff *rus in urbe* verdichtet und erweitert worden.

DIE SPÄTE KAISERZEIT. DAS BEISPIEL OSTIA

Aus der späten römischen Kaiserzeit sind vor allem in Ostia[190] Häuser bekanntgeworden, die zeigen können, daß der Wunsch nach *rus in urbe* nicht völlig unterdrückt wurde. Ostia ermöglicht es, die Formen von Häusern und Wohnungen zu erforschen, die für die riesige Bevölkerung der Hauptstadt entwickelt worden waren, die dort aber durch die spätere Bebauung weitestgehend verborgen sind, so daß man nicht einmal mit Gewißheit sagen könnte, daß in Ostia die wichtigsten Bautypen mit bis zum zweiten Stockwerk noch erhaltenem aufgehenden Mauerwerk überliefert und kenntlich sind, wenn die Grundrisse nicht mit denen im Marmorplan der Hauptstadt vom Anfang des 3. Jahrhunderts n. Chr. (205–208)[191] übereinstimmten, auch wenn die einzelnen Gebäude dort nicht mit der Akribie eines heutigen, sorgfältig vermessenen Planes eingezeichnet sind. Man versteht die Grundrisse des Marmorplanes aber besser, wenn man sie mit den gesicherten Grundrissen der Häuser von Ostia vergleicht.

Dabei ist bemerkenswert, daß die Typen von Häu-
Taf. 28,2 sern (Domus) und Mietskasernen (Insulae) nicht so weitgehend genormt waren, wie dies trotz eines nie völlig versiegenden Einfallsreichtums der Architekten heute der Fall ist. Man macht sich klar, daß in Ostia, welches in dieser Hinsicht das kaiserzeitliche Rom widerspiegelt, die ältesten Beispiele vieler noch heute gültiger Bautypen begegnen, die durchaus modern anmuten können, daß hier diese Typen entwickelt wurden und daß in einer frühen Entwicklungsphase der Typenreichtum naturgemäß größer ist, als wenn schon alles ausgemerzt ist, was sich als weniger verwendungsfähig erwiesen hat.

Nun soll hier nicht vom Wohnen in der antiken Großstadt die Rede sein, sondern von der Bedeutung, die Gartenanlagen, großen und kleinen, dabei
Abb. 29 zukam. In der durch die republikanische Stadtmauer vom Anfang des 1. Jahrhunderts v. Chr. eingeengten Stadt, die nie wesentlich darüber hinausgewachsen ist, war der Platz rar, wie zweifellos auch in Rom mit seinen rd. 1 Million zählenden Einwohnern. Deshalb findet man in Ostia, wo keine Aristokraten und keine Kaiser lebten, keine großen Gärten, man erfährt aber, wie das Volk sein Bedürfnis nach *rus in urbe* befriedigte, wenn es sich nicht mit einem Adonisgärtchen auf dem Fensterbrett begnügen wollte.

Abb. 29 Ostia, Flugaufnahme DAIR 56.324.

Hier können nur ganz wenige, symptomatische Beispiele angeführt werden. Die Mietskasernen wurden besonders seit dem 2. Jahrhundert n. Chr. in einen sie auf allen Seiten umgebenden Gartenstreifen gelegt und im Fall der von den Ausgräbern case con giardini[192] genannten Vielfamilienhäuser *Abb. 30*
haben wir sogar ein Beispiel vor uns, das man mit *Taf. 28,1*
einem heute als Compound oder Residence bezeichneten Typus vergleichen könnte. Die einstöckigen Häuserzeilen mit weitgehend genormtem Grundriß liegen nicht nur in einer gemeinsamen, die parallel

Abb. 30 Ostia, Case con Giardino, Grundriß, nach Calza.

angeordneten Häuserblocks umgebenden Grünzone, sondern jede Einheit besitzt noch im Inneren ein eigenes Gärtchen, in dem die Bewohner ein individuelles Leben führen konnten.

In Ostia gibt es außerdem zwischen den Insulae mit ihren Mietwohnungen verstreut eine ganze Reihe einzelner Domus[193], die im Inneren mit besonderer Phantasie und Liebe gestaltet sind und den größten Raum- und Ausstattungsluxus mit einem mehr oder weniger kleinen Garten innerhalb der vier Wände treiben. Elemente, die nicht fehlen durften, waren ein Nymphäum, ein Gartenhof und ein Speisesaal, die in verschiedener Weise kombiniert werden konnten.

Abb. 31
Taf. 29

Das Haus von Amor und Psyche[194] führt den Eintretenden aus dem kleinen Vorraum nach rechts abbiegend in einen gedeckten Gang, der linker Hand und geradeaus zu den Zimmern geht, während die rechte Wand sich in voller Länge auf einen Gartenhof mit prächtiger marmorverkleideter Brunnenwand öffnet. Das Haus mit Nymphäum öffnet sich unmittelbar auf den Gartenhof, dessen rechte Wand von der Nymphäumsfassade eingenommen wird.

Abb. 32
Taf. 30. 31

Das Haus der *Fortuna annonaria*[195] nimmt in wesentlich kleinerem Maßstab die Raumordnung des Flavischen Kaiserpalastes auf dem Palatin wieder auf. Ein Peristyl, in das man von der Seite eintritt, bildet

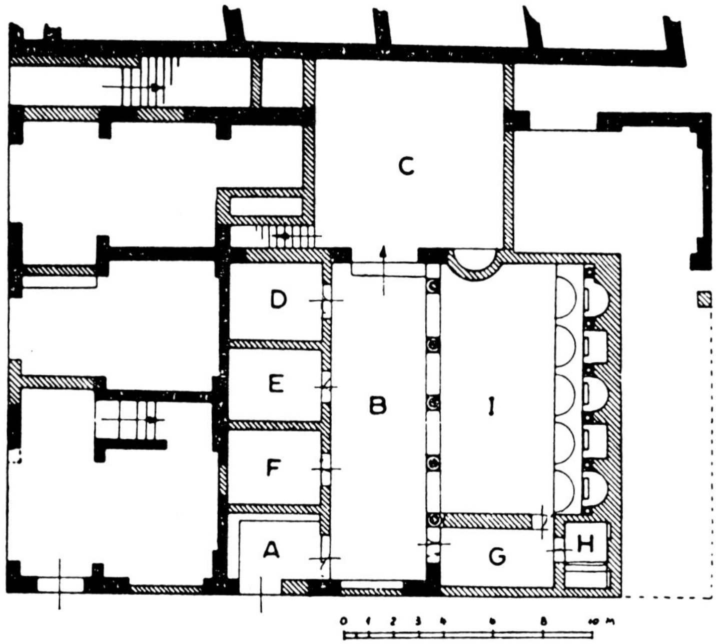

Abb. 31 Ostia, Haus von Amor und Psyche, Grundriß, nach Calza.

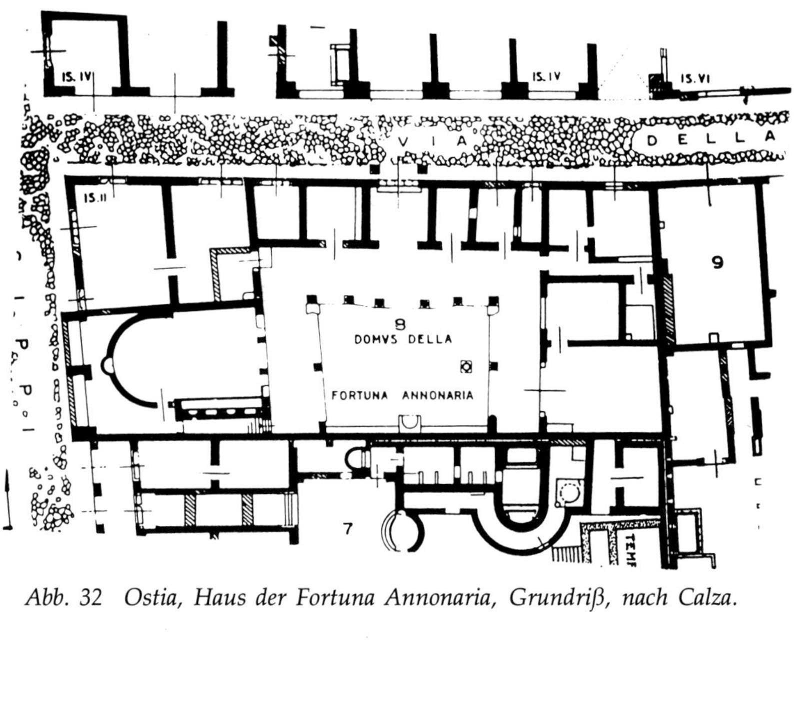

Abb. 32 Ostia, Haus der Fortuna Annonaria, Grundriß, nach Calza.

mit seinem Garten das Zentrum einer axialen Raumanordnung, bei der man vom Speisesaal aus durch die Interkolumnien einer Arkadenstellung den Blick quer durchs ganze Haus zu den Räumen an der anderen Seite gehen läßt. Im Speisesaal ist die rechte Wand als Nymphäum ausgebildet. Die eine Seite des Peristyls wird von der Außenwand des Hauses gebildet, weist aber in der Mitte eine Nische mit der Statue der *Fortuna annonaria* auf, die in der Blickachse der Eingangstür steht. Auf kleinem Raum wird das Raffinement eines Kaiserpalastes nachgeahmt. Der Begriff *rus in urbe* hat nach 300 Jahren seinen Zauber nicht verloren, wie er schon 300 Jahre mit Leben erfüllt wurde, bevor Martial, der »Am Birnbaum« wohnte, ihn gegen Ende des 1. Jahrhunderts n. Chr. in drei Worten prägte: *rus in urbe*.

Taf. 31,1

Taf. 30,1

KAISERLICHE PARKANLAGEN UND KAISERTHERMEN

Zur Frage: Wem dienten die großen Gärten in Rom?

Eine wesentliche Frage ist bei der Betrachtung römischer Gärten und Parks offengeblieben. Wer war zum Besuch dieser Anlagen zugelassen, welches war die gesellschaftliche Funktion des großen Grüngürtels der Stadt? Die Beantwortung dieser Frage ist nicht leicht, denn eigentümlicherweise fehlen schriftliche Hinweise dazu so gut wie völlig. Will man weder raten noch ungewisse Analogieschlüsse ziehen, dann muß man den archäologischen Hinweisen nachgehen und diese mit Nachrichten verbinden, die sich in dieser Hinsicht als einschlägig erweisen können.

Als erstes sei hier daran erinnert, daß die größte bisher bekanntgewordene marmorne Skulpturengruppe, der sogenannte »Farnesische Stier«[196], der mit der Sammlung Farnese ins Neapler Nationalmuseum gelangte, sich bei einer nach dem Erdbeben in Neapel im November 1980 notwendig geworde-

Taf. 32

nen, gründlichen Restaurierung als Gartenskulptur erwiesen hat. Die Gruppe wurde zwar in den Thermen des Caracalla gefunden, die im Jahrzehnt 196 bis 206 n. Chr. errichtet wurden, sie war aber nicht für diese Thermen geschaffen worden, vielmehr hatte eine römische Werkstatt sie schon um die Mitte des 1. Jahrhunderts n. Chr. im Auftrag des Kaisers Claudius (41–54 n. Chr.) nach einem berühmten hellenistischen Original der pergamenischen Bildhauer Apollonios und Tauriskos von Tralleis aus der Zeit 165–159 v. Chr. kopiert[197]. Das Original wurde um 40 v. Chr. nach Rom gebracht und dort im Freilichtmuseum des Asinius Pollio aufgestellt. Kaiser Claudius erteilte den Auftrag, das gewaltige Werk zu kopieren. Im mythischen Bilde der Bestrafung der bösen Königin Dirke durch die thebanischen Königssöhne Amphion und Zethos, welche die Frau an einen wilden Stier fesseln, sollte das Originalwerk die pergamenischen Brüder Eumenes II. und Attalos II. (159/8–138 v. Chr.) ehren, die ihre Feindin Gallia, Verkörperung des Volkes der Gallier, unter den Dionysosstier werfen. Kaiser Claudius wendete das Bild auf sich und seinen Bruder Germanicus an und ließ zur Verdeutlichung die Gruppe in der Kopie um das Bild der eigenen Mutter Antonia in Gestalt der mythischen Mutter Antiope erweitern. Unter dem Titel »Antiope« hatte Euripides den Mythos in einer durch Pacuvius ins Lateinische übertragenen Tragödie auf die Bühne gebracht. Der den Römern auf diese Weise bekannte Mythos schildert die Brüder Amphion und Zethos in ähnlicher Art, wie Claudius sich und seinen Bruder Germanicus gesehen wissen wollte. Die um die Gestalt der Antiope-Antonia erweiterte Kopie der Gruppe wendete sich deshalb – nicht anders als das öffentlich zugängliche Original – an die Öffentlichkeit. Diese war in den Caracallathermen, wohin das Volk von Rom täglich strömte, ohne weiteres gegeben. Das gleiche dürfte bei der ursprünglichen Aufstellung in einem kaiserlichen Park claudischer Zeit der Fall gewesen sein. Denn Kaiser Claudius wollte sich nicht selbst seiner Eigenart neben seinem Bruder Germanicus versichern, sondern er wollte aus politischem Kalkül seine Umgebung und seine Untertanen wissen lassen, wie er sein Verhältnis zu seinem Bruder sah, und er wollte durch das Bildwerk zeigen, wie dieses Verhältnis gesehen werden sollte. Claudius war, wie Amphion, kontemplativ veranlagt, während sein Bruder, gleich Zethos, eine aktive Natur war; doch an Kraft gaben sich beide nichts nach. Diese Botschaft konnte das Volk nur erreichen, wenn es das Bildwerk bewundern durfte. Der Park, in dem es stand, muß also auf irgendeine Weise öffentlich zugänglich gewesen sein.

Das gleiche kann man auch aus der Tatsache erschließen, daß in die Kaiserlichen Parks später die gewaltigen Kaiserthermen, und zwar nach den Vorläufern der Thermen des Agrippa, des Nero und des Titus[198] am Anfang des 2. Jahrhunderts die des Kaisers Trajan, am Anfang des 3. die des Kaisers Caracalla und am Anfang des 4. Jahrhunderts die des Kaisers Diocletian, hineingebaut wurden[199]. Offensichtlich übernahmen sie die wesentliche Aufgabe, dem Volk Rekreation zu bieten. Diese war demnach wahrscheinlich auch schon die Aufgabe der großen Parkanlagen früherer Zeit.
Ein für diesen Funktionswandel beispielhafter Vorgang war die Überführung einer großen Gartenskulptur wie der als »Farnesischer Stier« bekannten *Taf. 32* Dirkegruppe aus einem claudischen kaiserlichen Park in die Kaiserthermen des Caracalla. Die Thermen übernahmen nicht nur die Aufgabe, dem römischen Volk Erholung zu bieten, sondern sie wurden auch zum Ort der Begegnung der Bürger mit öffentlichen Monumenten[200], die sich an das Volk wandten. Dieses folgte gewissermaßen den Statuen, die es zunächst in den Parks betrachten sollte und nun am neuen Treffpunkt bewundern konnte.
Die funktionelle Verwandtschaft von Parks und Thermen findet auch darin ihren Ausdruck, daß die Thermen ihrerseits einen Einfluß auf die Ausgestal-

tung der Gärten ausüben, wenn dort etwa im Park des Kaisers Gallienus (253–268) aus der Familie der Licinii, daher Horti Liciniani[201], ein Nymphäumsbau,
Abb. 28 der sogenannte Tempio della Minerva Medica[202], errichtet wird, der bautechnisch gesehen nichts anderes ist als ein freigestellter Kuppelsaal aus dem Bereich der Thermenbaukunst.

So merkwürdig es klingt, soziologisch gesehen haben Parks und Thermen in Rom eine Art Wahlverwandtschaft miteinander. Das gestattet einen Rückschluß von den Thermenbesuchern auf die Besucher kaiserlicher Parks, wo später die Thermen errichtet wurden. Auch wenn ausdrückliche Nachrichten darüber fehlen, so darf man doch davon ausgehen, daß die kaiserlichen Parks in Rom nicht nur dem Hof und der kaiserlichen Familie zugänglich und vorbehalten waren, sondern daß sich dort auch das Volk von Rom ergehen durfte, selbst wenn die Einzelheiten einer Besuchsregelung nicht bekannt sind.

In diesem Licht stellt sich der große Gürtel von Parkanlagen, die sich von der Spitze des Pincio im Norden über die Höhen des Esquilin im Osten bis zur Via Appia im Süden der antiken Großstadt Rom hinzogen und die sich jenseits des Tibers mit den Gärten Caesars und des Agrippa bis zum Circus des Nero und den Gärten der Agrippina[203] beim Vatikan zu einem Ring um die Stadt schlossen, völlig anders dar. Von Caesar weiß man, daß er nicht nur das Volk zu Festen in seine Gärten jenseits des Tibers einlud, sondern daß er diese schließlich sogar dem Volk von Rom testamentarisch vermachte[204]. Augustus hat den Park (*silvae et ambulationes*) um sein schon 28 v. Chr., also 42 Jahre vor seinem Tode, errichtetes Mausoleum[205] *in usum populi,* wie Sueton sich ausdrückt, zum Nutzen des Volkes, angelegt[206]. Das bestätigt unsere Überlegungen. Es ist sehr wahrscheinlich, daß die Parks im antiken Rom ein Lebenselement der dichtbevölkerten Stadt waren, deren Einwohner nicht nur von »Brot und Spielen«[207], sondern auch von der Rekreation in Parks und Thermen lebten.

BIBLIOGRAPHIE

BORBEIN, A. H., Zur Deutung von Scherwand und Durchblick auf den Wandgemälden des Zweiten pompejanischen Stils, in: Neue Forschungen in Pompeji. Hrsg. B. Andreae, H. Kyrieleis (Recklinghausen 1975).

CALZA, G., Scavi di Ostia I. Topografia Generale (Roma 1953).

CARROLL-SPILLECKE, M., Der Garten von der Antike bis zum Mittelalter (Mainz 1992).

CIMA, M. – La Rocca, E., Le tranquille dimore degli dei. La residenza imperiale degli horti Lamiani (Roma 1986).

COARELLI, F., Guida archeologica di Roma (Verona 1974). Deutsche Ausgabe (Freiburg 1975).

COARELLI, F., Il Foro Romano (Roma 1985).

COGITORE, I., Séries de dédicaces italiennes à la dynastie julio-claudienne, MEFRA 104, 1992, 817–870.

DAS WRACK: Hellenkemper Salies, G. – von Prittwitz und Gaffron, H. H. – Bauchhenß, G., Das Wrack. Der antike Schiffsfund von Mahdia (Köln 1994).

DUMBARTON OAKS COLLOQUIUM (1981)
s. Macdougal, E. B. – Jashemski, W. F.

FORKL, H. – Kalter, J. – Leisten, Th. – Pavaloi, M., Die Gärten des Islam (Stuttgart 1993).

GATTI, G., La pianta marmorea di Roma antica, Forma Urbis Romae (Roma 1960).

GIULIANO, A., La Collezione Boncompagni Ludovisi. Algardi, Bernini e la fortuna dell'antico (Venezia 1992).

GLI ORTI FARNESIANI SUL PALATINO. Convegno internazionale, Roma 28–30 novembre 1985 (Roma 1990), Roma antica, 2.

GRIMAL, P., Les Jardins Romains (Paris 1969).

HÄUBER, R. Chr., Horti Romani. Die Horti Maecenatis und die Horti Lamiani auf dem Esquilin. Geschichte, Topographie, Statuenfunde (Köln 1991).

HÄUBER, R. Chr., »... endlich lebe ich wie ein Mensch«. Zu domus, horti und villae in Rom, in: DAS WRACK 911–926.

HÜLSEN, Chr., Forum und Palatin (München, Wien, Berlin 1926).

JASHEMSKI, W. F., The Gardens of Pompeii I (New Rochelle 1979) II (New Rochelle 1993).

KASTER, G., »Die Gärten des Lucullus«. Entwicklung und Bedeutung der Bebauung des Pincio-Hügels in Rom (München 1974).

KRAUS, Th. – Matt, L. v., Lebendiges Pompeji (Köln 1973).

LLOYD, R. B., Three Monumental Gardens on the Marble Plan, American Journal of Archaeology 86, 1982, 91–100.

MACDOUGAL, E. B. – Jashemski, W. F., Ancient Roman Gardens, Dumbarton Oaks Colloquium on the History of Landscape Architecture VII (Dumbarton Oaks 1981).

MCKAY, A. G., Houses, Villas and Palaces in the Roman World (London 1975).

MIELSCH, H., Die römische Villa (München 1987).

NASH, E., Bildlexikon zur Topographie des antiken Rom (Tübingen 1961).

NASH, E., Obelisk und Circus, RM 64, 1957, 232–259.

NEUERBURG, N., L'architettura delle fontane e dei ninfei nell'Italia antica (Napoli 1965).

NEUMEISTER, Chr., Das antike Rom. Ein literarischer Stadtführer (München 1991).

PALMA, B., I marmi Ludovisi: Storia della collezione. Museo Nazionale Romano, Le sculture. A cura di A. Giuliano I 4 (Roma 1983).

Pauly's Realencyclopädie der classischen Altertumswissenschaft 7,1 (1910) 768–841 s. v. Gartenbau (Olck).

Rakob, F., Ein Grottentriklinium in Pompeji, Mitteilungen des Deutschen Archäologischen Instituts, Römische Abteilung 71, 1964, 182–194.

Richardson, L., jr., A New Topographical Dictionary of Ancient Rome (Baltimore, London 1992).

Richter, O., Topographie der Stadt Rom (München 1901).

Secchi, G. P., Monumenti inediti d'un antico sepolcro di famiglia greca scoperto in Roma su la Via Latina (1843).

Steinby, E. M., Lexicon Topographicum Urbis ROMAE 1 (Roma 1993).

Tomei, M. A., Nota sui giardini antichi del Palatino, MEFRA 104,2, 1992, 917–951.

Zanker, P., Die Villa als Vorbild des späten pompejanischen Wohngeschmacks, Jahrbuch des Deutschen Archäologischen Instituts 94, 1979, 461–523.

Zanker, P., Drei Stadtbilder aus dem Augusteischen Rom, in: L'Urbs. Espace urbain et histoire Ier siècle av. J.-C. – IIIe ap. J.-C., Collection de l'Ecole Française de Rome 98 (Roma 1987) 475–489.

ANMERKUNGEN

1 Martial, Epigramme. Eingeleitet und im antiken Versmaß übertragen von R. Helm (Zürich u. Stuttgart 1957). – M. Valerii Martialis Epigrammata. Post W. Heraeum ed. D. R. Shackleton Bailey (Stuttgart 1990).

2 12,57,21.

3 D. Junius Juvenalis, Saturae mit kritischem Apparat herausgegeben von U. Knoche (1950). Juvenal, Satiren übertragen von U. Knoche (1951).

4 Juvenal, Sat. 3,231.

5 12,57,18 ff.

6 Martial 10,62.

7 12,57, 18 ff.

8 s. Anm. 10–18.

9 Calza (1953). – H. Schaal, Ostia. Der Welthafen Roms (1987). – R. Meiggs, Roman Ostia ([2]1973) 235–262.

10 1,117,6.

11 1,108,3. »... mea Vipsanas spectant cenacula laurus.« C. Rodriguez, The Porticus Vipsania and Contemporary Poetry, Latomus 51, 1992, 79–93. – Richardson 319 f.

12 1,117,1 ff.

13 1,86.

14 9,97,7.

15 5,22,4.

16 4,64.

17 4,64,25.

18 12,57.

19 A. Boethius, The Golden House of Nero (1960). – Nash I 339–348. – Richardson 119–121.

20 M. Bergmann, Der Koloß Neros, die Domus Aurea und der Menta-

litätswandel im Rom der frühen Kaiserzeit. 13. Trierer Winckelmannsprogramm 1993 (Mainz 1994).
[21] Steinby (1993) 295–298 s. v. Colossus: Nero (C. Lega).
[22] Sueton, Nero 31.
[23] Nash I 397. – Coarelli (1975) 78.
[24] Plinius, nat. 15,18,77. Ficus Ruminalis ebda. – Richardson 151.
[25] Horaz, Satiren 1,6,120.
[26] B. Andreae, Römische Kunst (1978) 505 Abb. 654. – N. Hannestad, Roman Art and Imperial Policy (Aarhus 1986) 193 ff. – Richardson 292 f.
[27] W. F. Jashemski in: Carroll-Spillecke (1992) 177.
[28] Epistulae 122.
[29] A. De Franciscis, La Villa Romana di Oplontis (Recklinghausen 1975). – Jashemski II 239 ff.
[30] Nash I 346 Abb. 417.
[31] Sueton, Nero 31,2.
[32] Jashemski II 293 Nr. 593.
[33] B. Andreae, I pavoni nella Villa di Oplontis, in: Atti del convegno internazionale, La regione sotterrata dal Vesuvio, Studi e prospettive. 11–15. Nov. 1979 (Napoli 1982) 155–163.
[34] Mielsch (1987).
[35] Plutarch, Pyrrhos 19,6.
[36] F. Coarelli, Rom. Ein archäologischer Führer (Freiburg 1975) 36.
[37] Zanker (1979) 461.
[38] Vgl. E. Grumach, Goethe und die Antike (Berlin 1949) 444 ff.
[39] B. Andreae, L'arte nell'età imperiale. La pittura parietale, in: Princeps urbium (Milano 1991) 63–79.
[40] P. Zanker, Pompeji. Stadtbild und Wohngeschmack (Mainz 1995) 150–162.
[41] V. M. Strocka, Die Wandmalereien der Hanghäuser in Ephesos, Forschungen in Ephesos 8,1 (Wien 1973).
[42] Dumbarton Oaks Colloquium (1981) 69–80.
[43] A. Di Vita, Antike Welt 1996 (im Druck).
[44] Dumbarton Oaks Colloquium (1981) 97–108.
[45] K. Fittschen, Zur Herkunft und Entstehung des 2. Stils, in: Hellenismus in Mittelitalien (Göttingen 1976) 539–563.
[46] Jashemski II 153–155.
[47] Jashemski I und II.
[48] Jashemski II 78–83. – Zanker, a.O.

[49] Cicero, ad Quintum fratrem 3,7,7; de legibus 2,2.
[50] S. Aurigemma, Villa Adriana (Roma 1961) 100 ff. – B. Andreae u. A Ortega, s. Anm. 183.
[51] Ad Apollinarem 5,6,36.
[52] Petronius, Satyrgeschichten. Lateinisch und Deutsch von O. Schönberger (Berlin 1992).
[53] Petronius, Satyricon 77.
[54] Mielsch (1987).
[55] De re rustica 3,2.
[56] de agr. 1,3.
[57] A. Maiuri, La Villa dei Misteri (Roma 1947).
[58] Spartianus, Vita Hadriani 26,5.
[59] D. Diderot, Encyclopédie, Werke Bd. 14.
[60] Plutarch, Romulus 20.
[61] E. Pozzi, Il Toro Farnese. La »montagna di marmo« tra Roma e Napoli (Napoli 1991). – B. Andreae, Der Farnesische Stier (Freiburg 1996).
[62] 3,1,5.
[63] G. Waurick, Kunstraub der Römer: Untersuchungen zu seinen Anfängen anhand der Inschriften, Jahrbuch des Römisch-Germanischen Zentralmuseums Mainz 22, 1975, 1–46. – M. Pape, Griechische Kunstwerke aus Kriegsbeute und ihre öffentliche Aufstellung in Rom von der Eroberung von Syrakus bis in augusteische Zeit (Hamburg 1975). – R. Chevallier, L'artiste, le collectionneur et le faussaire. Pour une sociologie de l'art romain (Paris 1991). – H. Galsterer, Kunstraub und Kunsthandel im republikanischen Rom, in: Das Wrack (1994) 857–866.
[64] Nash II 272–283.
[65] Plutarch, Camillus 12,1. – G. Waurick a.O.
[66] s. M. Pape (Anm. 63).
[67] ab urbe condita 24,40.
[68] Pape, a.O. 12–14.
[69] Pape, a.O. 16–19.
[70] M. T. Cicero, in Verrem 1–5. – Marcus Tullius Cicero, Sämtliche Reden. Eingeleitet, übersetzt und erläutert von M. Fuhrmann, Bd. 3 u. 4 (Zürich, Stuttgart 1970/71). – G. Zimmer, Republikanisches Kunstverständnis: Cicero gegen Verres, in: Das Wrack (Anm. 73) 867–873.
[71] Das Wrack (1994).

72 ad Atticum 3,1,5.

73 Das Wrack (1994).

74 N. Himmelmann, Mahdia und Antikythera, ebda. 849–855.

75 B. Andreae, Statuetten eines sitzenden Knäbleins, ebda. 365–374.

76 Jashemski I. II.

77 s. o. Anm. 50.

78 s. u. S. 126–129.

79 B. Andreae, Praetorium Speluncae (Stuttgart 1994).

80 B. Andreae, Der Farnesische Stier (Freiburg 1996).

81 s. Anm. 61.

82 Jashemski II 313–408.

83 de re rustica 3,2,1 ff. – G. Fuchs, Varro's Vogelhaus bei Cassinum, Mitteilungen des Deutschen Archäologischen Instituts, Römische Abteilung 69, 1962, 96–105.

84 M. Gabriel, Livia's Garden Room at Prima Porta (New York 1955). – W. Helbig, Führer durch die öffentlichen Sammlungen Klassischer Altertümer in Rom 3 (Tübingen 1969) Nr. 2486 (B. Andreae). – Jashemski II 381–383 Nr. 127.

85 Gabriel a. O.

86 A. Maiuri, Ercolano (Roma 1958).

87 s. u. S. 84–86.

88 J. van Ooteghem, Lucius Licinus Lucullus (Brüssel 1959).

89 Lucullus 1.

90 O. E. Schmidt, Ciceros Villen, Neue Jahrbücher 3, 1899, 328.

91 Sueton, Nero 50.

92 Kaster (1974). – Nash I (1961) 488 Abb. 599. – Richardson 200.

93 A. P. Frutaz, Le piante di Roma (Roma 1962) 61 f. Taf. 26–32.

94 F. Fasolo, G. Gullini, Il santuario della Fortuna Primigenia a Palestrina (Roma 1953). – H. Kähler, Das Fortunaheiligtum von Palestrina/Praeneste, Annales Universitatis Saraviensis 7, 1958, 189–240.

95 Frutaz, a. O. Taf. 26–32.

96 ann. 11,1–3: (Messalina) hortis inhians, quos ille (Valerius Asiaticus) a Lucullo coeptos insigni magnificentia extollebat, . . .

97 Pauly's Realencyclopädie der classischen Altertumswissenschaft 7,2 (1912) 2482 ff. s. v. Horti (Hülsen).

98 Nash I 488 ff. Abb. 600.601.603.

99 Campus Martius, Tabula XXII.

[100] Lucretius, De rerum natura 2,1–10.

[101] V. Pöschl, Sallust (Darmstadt 1970). – K. Heldmann, Sallust über die römische Weltherrschaft (Stuttgart 1993).

[102] L. Rossini, I sette colli di Roma (Roma 1828/29), Tf. X.

[103] Foto Parker 153 (1869) British School at Rome, Piazzale Winston Churchill, Roma. – Nash I 491 Abb. 611.

[104] Nash I 491–499. – Richardson 202.

[105] Cat. 1.

[106] Cat. 4.

[107] Tac. ann. 3,30.

[108] Tac. ann. 13,47.

[109] Dio Cass. 66,10.

[110] Chron. V 354.

[111] SHA, Vita Aureliani 49.

[112] Palma (1983). – Giuliano (1992).

[113] »I giganteschi cipressi Ludovisi, quelli dell'Aurora, quelli medesimi i quali un giorno avevano sparsa la solennità del loro antico mistero sul capo olimpico di Goethe, giacevano atterrati (mi stanno sempre nella memoria come i miei occhi li videro in un pomeriggio di novembre) atterrati e allineati l'uno accanto all'altro, con tutte le negre radici scoperte che parevano tener ancor prigione entro l'enorme intrico il fantasma di una vita oltre possente.«

[114] Sueton, Nero 38.

[115] R. Avallone, Mecenate (Napoli 1962).

[116] Carm. 3,29,10.

[117] Sat. 1,8.

[118] a.O. 1,8,8–16.

[119] Neumeister (1991) 59 f.

[120] s. u. S. 109.

[121] Richardson 200 f.

[122] s. u. S. 110 f.

[123] Häuber, in: Das Wrack (1994) 911–922, bes. 918.

[124] Nash I 160 f. Abb. 172–174. – L. Franchi dell'Orto, Roma. La Città degli antichi (Roma 1993). – Jashemski II 383–385 Nr. 128 Abb. 460–463.

[125] Ps. Platon, Axiochos p. 371 D.

[126] Notizie degli scavi 1880 Taf. IVa.

[127] A. Maiuri, La Villa dei Misteri (1974) 34 tav. A).

[128] H. G. Beyen, Les domini de la Villa della Farnésine, in: Studia Vollgraff (Amsterdam 1948) 3–21.

[129] nat. 36,37.

[130] B. Andreae, Praetorium Speluncae. Tiberius und Ovid in Sperlonga (Stuttgart 1995) 142f.

[131] ebd. passim.

[132] Lebenszeit 140–91 v. Chr., Konsul 95 v. Chr., Vater des Triumvirn Marcus Licinius Crassus.

[133] nat. 17,3–6.

[134] ad Quintum fratrem 3,1,4.

[135] Quintus Hortensius Hortalus, berühmter Redner. Lebenszeit 114–50 v. Chr., Konsul 69 v. Chr.

[136] H. Finsen, La résidence de Domitien sur le Palatin. Analecta Romana 5. Suppl. (1969). – G. Wataghin Cantino, La Domus Augustana (Torino 1966). – Richardson 114–117.

[137] Tomei (1992).

[138] V. M. Strocka, Mitteilungen des Deutschen Archäologischen Instituts, Römische Abteilung 91, 1984, 136.

[139] Tomei (1992) 928 Fig. 7.

[140] Sueton, Claudius 10.

[141] s. Anm. 137.

[142] Pauly's Realencyclopädie der classischen Altertumswissenschaft 8,2 (1913) s. v. Hippodromos (Fabricius).

[143] Coarelli (1975) 154.

[144] F. Marx, Das sogenannte Stadium auf dem Palatin, Jahrbuch des Deutschen Archäologischen Instituts 10, 1895, 129–143. – Richardson 116f.

[145] Hülsen (1926) Taf. 58.

[146] Neuerburg (1965). – F. B. Sear, Roman Wall and Vault Mosaics, Mitteilungen des Deutschen Archäologischen Instituts, Römische Abteilung, Ergänzungsheft 23, 1977.

[147] Tomei 931 Abb. 10.

[148] Tomei 929 Abb. 8.

[149] Jashemski II 298 Nr. 604 Abb. 332.

[150] S. Aurigemma, Villa Adriana (Roma 1961) Taf. III–V. – A. Giuliano u. a., Villa Adriana (Milano 1988).

[151] G. E. Rizzo, Le pitture della Casa di Livia, MonPittant. 3,3 (Roma 1936) Tav. 5.

[152] Sueton, Claudius 10.

[153] Plin. epist. 5,6,16; 7ff.
[154] Plin. epist. 2,17,17.
[155] Sen. de ira 3,18,4 in bezug auf die Horti Agrippinae am Tiber.
[156] Der Kleine Pauly 5/1975 1442 s. v. Xystos.
[157] Philostrat, Das Leben des Apollonios von Tyana. Herausgegeben, übersetzt und erläutert von V. Mumprecht (München, Zürich 1983).
[158] a.O 7,32.
[159] E. R. Almeida, Forma Urbis Marmorea. Aggiornamento Generale 1980 (Roma 1981).
[160] Lloyd (1982).
[161] F. Villedieu, Rome: Le Palatin (Vigna Barberini). Mélanges de l'Ecole Française de Rome, Antiquité 104,1, 1992, 465–479. – Tomei 938–943.
[162] RE VII,1 (1910) 807f. s. v. Gartenbau (Olck).
[163] E. La Rocca, Il lusso come espressione di potere, in: Cima – La Rocca (1986) 3–35. – Richardson 116f.
[164] s. o. S. 117–120.
[165] ann. 12,22.
[166] ann. 12,59.
[167] Häuber (1991).
[168] Nash II 469–477. – Richardson 396.397f.
[169] Nash II 434–441. – Richardson 387–389.
[170] Nash II 448–453. – Richardson 391.
[171] M. Boudreau Flory, Historia 1984, 309–330. – Richardson 314.
[172] Fast. 6,42.
[173] Zanker (1987) 475–489, Zitat 481.
[174] Nash II 423–427. – Richardson 383ff.
[175] C. Rodriguez (s. o. Anm. 11). – Richardson 319f.
[176] Richardson 196.
[177] Richardson 197.
[178] s. o. Anm. 160.
[179] Nash II 439–445. – Richardson 211.
[180] ebd.
[181] K. Lembke, Das Iseum Campense in Rom (Heidelberg 1995).
[182] Chr. W. Clairmont, Die Bildnisse des Antinous (Rom 1966). – H. Meyer, Antinoos (München 1991).
[183] B. Andreae und A. Ortega, Nuove ricerche a Villa Adriana, RendPontAcc 62, 1989/90, 67–102.

[184] ebd.
[185] J. Cl. Grenier, L'Egitto della Villa Hadriana (Città del Vaticano 1990).
[186] Coarelli (1975) 210. – Nash II 127–129: Nymphaeum Hortorum Licinianorum. – Richardson 199.
[187] Plin. epist. 7,29,2.
[188] Frontin, aquae 68.
[189] Forkl u. a. (1993).
[190] s. o. Anm. 9.
[191] Forma Urbis Romae s. Anm. 159.
[192] G. Calza, G. Becatti, Ostia (Roma 1954) 37.
[193] G. Becatti, Case ostiensi del tardo impero (Roma 1949).
[194] G. Calza, G. Becatti, Ostia (Roma 1954) 37.
[195] ebd. 31.
[196] s. o. Anm. 80.
[197] B. Andreae, Auftraggeber und Bedeutung der Dirke-Gruppe, Mitteilungen des Deutschen Archäologischen Instituts, Römische Abteilung 100, 1993, 113–117.
[198] s. o. S. 109.
[199] s. o. S. 109.
[200] R. Sansi di Mino, Rotunda Diocletiani. Sculture decorative delle Terme nel Museo Nazionale Romano (Roma 1991).
[201] s. o. S. 117.
[202] s. o. S. 118.
[203] Neumeister (1991) 214. – Richardson s. v. Horti Agrippinae 196.
[204] Sueton, Caesar 83. »Dem Volk vermachte er seine Gärten am Tiber zur freien Verfügung.«
[205] Strabo 5,236. »Hinter dem Mausoleum befindet sich ein großer, die reizendsten Spazierwege enthaltender Hain.«
[206] Sueton, Augustus 100,4. »Diesen Bau hatte Augustus während seines sechsten Konsulates zwischen der Flaminischen Straße und dem Tiber errichten lassen und schon damals die ringsum angelegten Gärten und Spazierwege dem Volk zum Gebrauch übergeben.«
[207] Juvenal, Satiren 10,81.

ABBILDUNGS- UND TAFELVERZEICHNIS

Abbildungen ohne Nachweis sind Aufnahmen des Verfassers

14 Muro Torto, Stützmauer des Collis Hortulorum an der Ost- und Nordseite, Stich von G. B. Piranesi (Campus Martius, Taf. 22).

15 Muro Torto, Stützmauer des Collis Hortulorum um 1886, Foto Parker 364.

16 Tal zwischen Quirinal und Pincio, in dem die Gärten des Sallust lagen, Stich von L. Rossini, I sette colli di Roma (1828/29) Taf. 10.

17 Auditorium des Maecenas, Rom, Largo Leopardi, Grundriß.

18 Auditorium des Maecenas, Taf. 20,2, Querschnitt, nach Bullettino della Commissione Archeologica Comunale di Roma 2, 1874, Taf. 11.

19 Villa des Agrippa unter der Farnesina, Grundriß, nach Helbig, Führer[4] (Andreae).

20 Plan des Palatin mit Grünanlagen, nach M. Tomei.

21 Palatin, Claudischer Kaiserpalast, Nymphäum in Form einer Scenae Frons, nach Topham-Codex, Eaton.

22 Rom, Palatin, Hippodrom Taf. 25,1, Rekonstruktionszeichnung nach Hülsen.

23 Adonaea im Marmorplan des antiken Rom, nach Lloyd.

24 Rom, Friedenstempel, nach dem antiken Marmorplan von Rom, nach Gatti.

25 Iseum und Serapeum im antiken Marmorplan von Rom, Forma Urbis Romae 98.

26 Vergleich der Grundrisse des Praetorium Speluncae bei Sperlonga und des Canopustales in der Villa Hadriana, nach Rakob.

27 Antrum Cyclopis (124 n. Chr.) in der Villa Hadriana bei Tivoli, das nach dem Tode des Antinous (130 n. Chr.) in ein Serapeum umgewandelt wurde, Zeichnung M. Schützenberger.

28 Rom, sog. Tempel der Minerva Medica, Nymphäum in Form eines dekagonalen Kuppelsaals in den Gärten der Licinier, Stich von G.B. Piranesi, Vedute di Roma, Taf. 74.

29 Ostia, Flugaufnahme DAIR 56.324.

30 Ostia, Case con Giardino, Grundriß, nach Calza.

31 Ostia, Haus von Amor und Psyche, Grundriß, nach Calza.

32 Ostia, Haus der Fortuna Annonaria, Grundriß, nach Calza.

KULTURGESCHICHTE DER ANTIKEN WELT

Band 1:
John Boardman
Schwarzfigurige Vasen aus Athen
Einführung und Handbuch
278 Seiten; 321 Abbildungen

Band 2: *vergriffen*
Maria Alföldi
Antike Numismatik
Teil 1: Theorie und Praxis

Band 3: *vergriffen*
Maria Alföldi
Antike Numismatik
Teil 2: Bibliographie

Band 4:
John Boardman
Rotfigurige Vasen aus Athen
Die archaische Zeit
285 Seiten; 528 Abbildungen

Band 5:
John Boardman
Griechische Plastik · Die archaische Zeit
297 Seiten; 481 Abbildungen

Band 6:
Karl-Theodor Zauzich
Hieroglyphen ohne Geheimnis
Eine Einführung in die altägyptische Schrift
125 Seiten; 8 Farb- und 6 Schwarzweißabbildungen

Band 7:
Friedrich Karl Dörner
Vom Bosporus zum Ararat
Reise- und Fundberichte aus Kleinasien
XII, 362 Seiten mit 27 Textillustrationen; 5 doppelseitige Farbtafeln mit 8 Abbildungen; 64 Schwarzweißabbildungen;
2. Auflage, erweitert um 8 doppelseitige Farbtafeln

Band 8: *vergriffen*
Friedrich Richter / Wilhelm Hornbostel
Unser tägliches Griechisch

Band 9: *vergriffen*
Sybille Haynes
Die Tochter des Augurs

Band 10: *vergriffen*
Volkert Haas
Hethitische Berggötter und hurritische Steindämonen
Riten, Kulte und Mythen

Band 11: *vergriffen*
Labib Habachi
Dic unsterblichen Obelisken Ägyptens

Band 12: *vergriffen*
Gerd Hagenow
Aus dem Weingarten der Antike

Band 13: *vergriffen*
Denys Haynes
Griechische Kunst und die Entdeckung der Freiheit

Band 14: *vergriffen*
W. K. Lacey
Die Familie im antiken Griechenland

Band 15: *vergriffen*
Jost Perfahl
Wiedersehen mit Argos und andere Nachrichten über Hunde in der Antike

Band 16: *vergriffen*
Karl Schefold
Die Bedeutung der griechischen Kunst für das Verständnis des Evangeliums

Band 17: *vergriffen*
J. M. C. Toynbee
Tierwelt der Antike

Band 18: *vergriffen*
Hilde Rühfel
Das Kind in der griechischen Kunst

Band 19: *vergriffen*
Hilde Rühfel
Kinderleben im klassischen Athen

Band 20: *vergriffen*
A. M. Snodgrass
Wehr und Waffen im antiken Griechenland

KULTURGESCHICHTE DER ANTIKEN WELT

Band 21: *vergriffen*
Patricia und Don R. Brothwell
Manna und Hirse

Band 22: *vergriffen*
Roland Hampe
Antikes und modernes Griechenland

Band 23: *vergriffen*
Donna C. Kurtz / John Boardman
Thanatos
Tod und Jenseits bei den Griechen

Band 24: *vergriffen*
Alison Burford
Künstler und Handwerker
in Griechenland und Rom

Band 25: *vergriffen*
Howard Hayes Scullard
Römische Feste · Kalender und Kult

Band 26: *vergriffen*
Hermann Müller-Karpe
Frauen des 13. Jahrhunderts v. Chr.

Band 27: *vergriffen*
Barbara Deppert-Lippitz
Griechischer Goldschmuck

Band 28/1: *vergriffen*
Werner Ekschmitt
Kunst und Kultur der Kykladen
Teil I: Neolithikum und Bronzezeit

Band 28/2: *vergriffen*
Werner Ekschmitt
Kunst und Kultur der Kykladen
Teil II: Geometrische und Archaische Zeit

Band 29: *vergriffen*
Theodor Wiegand
Halbmond im letzten Viertel

Band 30:
Rainer Stadelmann
Die ägyptischen Pyramiden
Vom Ziegelbau zum Weltwunder
313 Seiten; 94 Textabbildungen; 23 Farb- und 54 Schwarzweißtafeln
2., erweiterte Auflage

Band 31: *vergriffen*
Claude Bérard, Jean Pierre Vernant u. a.
Die Bilderwelt der Griechen

Band 32: *vergriffen*
Frédéric L. Bastet
Hinter den Kulissen der Antike

Band 33:
Marcus Junkelmann
Die Legionen des Augustus
Der römische Soldat im archäologischen Experiment
313 Seiten mit 24 Textabbildungen; 80 Tafeln mit 31 Farb- und 126 Schwarzweißabbildungen

Band 34: *vergriffen*
Erika Simon
Die konstantinischen Deckengemälde in Trier

Band 35:
John Boardman
Griechische Plastik
Die klassische Zeit
323 Seiten mit 412 Abbildungen; 8 Farbtafeln

Band 36: *vergriffen*
Thomas Hägg
Eros und Tyche

Band 37:
Anne Johnson
Römische Kastelle
370 Seiten mit 229 Textabbildungen; 8 Farbtafeln mit 15 Abbildungen

Band 38: *vergriffen*
Herbert W. Parke
Athenische Feste

KULTURGESCHICHTE DER ANTIKEN WELT

3., überarbeitete Auflage
Band 39:
Bernard Andreae
Laokoon und die Gründung Roms
220 Seiten mit 14 Abbildungen; 40 Tafeln mit 30 Farb- und 22 Schwarzweißabbildungen

Band 40:
Friedrich Karl und Eleonore Dörner
Von Pergamon zum Nemrud Dağ
Die archäologischen Entdeckungen Carl Humanns
XV, 342 Seiten; 8 Farbtafeln; 113 Schwarzweißabbildungen

Band 41:
John M. Camp
Die Agora von Athen
Ausgrabungen im Herzen des klassischen Athen
259 Seiten; 11 Farb- und 188 Schwarzweißabbildungen

Band 42:
Bettina Schmitz/Ute Steffgen (Hrsg.)
Waren sie nur schön?
Frauen im Spiegel der Jahrtausende
329 Seiten; 161 Schwarzweißabbildungen

Band 43:
Werner Ekschmitt
Weltmodelle
Griechische Weltbilder von Thales bis Ptolemäus
192 Seiten; 26 Abbildungen

Band 44:
John S. Morrison/John F. Coates
Die athenische Triere
Geschichte und Rekonstruktion eines Kriegsschiffs der griechischen Antike
380 Seiten; 87 Abbildungen; 15 Farbtafeln mit 26 Abbildungen

Band 45:
Marcus Junkelmann
Die Reiter Roms
Teil I: Reise, Jagd, Triumph und Circusrennen
293 Seiten; 49 Farb- und 234 Schwarzweißabbildungen

Band 46:
Michael Siebler
Troia — Homer — Schliemann
248 Seiten; 81 Schwarzweißabbildungen; 25 Farbtafeln mit 35 Abbildungen; 5 Schwarzweißtafeln

Band 47:
Arthur D. Trendall
Rotfigurige Vasen aus Unteritalien und Sizilien
343 Seiten; 595 Abbildungen

Band 48:
John Boardman
Rotfigurige Vasen aus Athen
Die klassische Zeit
287 Seiten; 566 Schwarzweißabbildungen

Band 49:
Marcus Junkelmann
Die Reiter Roms
Teil II: Der militärische Einsatz
222 Seiten; 27 Farb- und 91 Schwarzweißabbildungen

Band 50:
Karl-Wilhelm Weeber
Humor in der Antike
232 Seiten; 73 Abbildungen und 6 Farbtafeln

Band 51:
Karl Jaroš
Kanaan · Israel · Palästina
Ein Gang durch die Geschichte des Heiligen Landes
184 Seiten; 58 Schwarzweißabbildungen

Band 52:
Bernhard Kytzler, Lutz Redemund
Unser tägliches Latein
Lexikon des lateinischen Spracherbes
XXXIX, 994 Seiten
3., erweiterte Auflage

Band 53:
Markus Junkelmann
Die Reiter Roms
Teil III: Zubehör, Reitweise, Bewaffnung
277 Seiten; 33 Farb- und 166 Schwarzweißabbildungen

KULTURGESCHICHTE DER ANTIKEN WELT

Band 54:
Hans Georg Gundel
ZODIAKOS · Tierkreisbilder im Altertum
358 Seiten; 1 Farb-, 257 Schwarzweißabbildungen;
8 Farbtafeln mit 12 Abbildungen

Band 55:
Heidemarie Koch
Es kündet Dareios der König . . .
Vom Leben im persischen Großreich
V, 309 Seiten; 199 Textabbildungen; 36 Farbtafeln

Band 56:
Stephanos Geroulanos / René Bridler
Trauma
Wund-Entstehung und Wund-Pflege im antiken Griechenland
172 Seiten, davon 87 Seiten mit 16 Farb- und 115 Schwarzweißabbildungen

Band 57:
M. Carroll-Spillecke u. a.
Der Garten von der Antike bis zum Mittelalter
293 Seiten; 95 Textabbildungen; 39 Farbtafeln

Band 58:
Werner Ekschmitt
Ugarít – Qumrán – Nag Hámmadi
Die großen Schriftfunde zur Bibel
324 Seiten mit 15 Textabbildungen; 13 Farb- und 26 Schwarzweißtafeln

Band 59:
Ralf-Bernhard Wartke
Urartu
Das Reich am Ararat
189 Seiten mit 90 Textabbildungen, 64 Farb- und 26 Schwarzweißtafeln, 2 Karten

Band 60:
Geoffrey Thorndike Martin
Die verborgenen Gräber von Memphis
Neue Entdeckungen aus der Zeit zwischen Tutanchamun und Ramses II.
283 Seiten mit 128 Abbildungen, 16 Tafeln mit 27 Farbabbildungen

Band 61:
Paul Zanker
Pompeji
Stadtbild und Wohngeschmack
238 Seiten mit 113 Schwarzweißabbildungen, 16 Farbtafeln mit 22 Abbildungen

Band 62:
Alfred Stückelberger
Bild und Wort
Das illustrierte Fachbuch in der antiken Naturwissenschaft, Medizin und Technik
139 Seiten mit 61 Abbildungen, 37 Farb- und 2 Schwarzweißtafeln

Band 63:
Karl Jaroš
Wurzeln des Glaubens
Zur Entwicklung der Gottesvorstellung bei Juden, Christen und Muslimen
277 Seiten mit 54 Schwarzweiß- und 2 Farbabbildungen

Band 64:
Rainer Hannig
Die Sprache der Pharaonen
Großes Handwörterbuch Ägyptisch–Deutsch
(2800 bis 950 v. Chr.)
LIX, 1412 Seiten, 2 Karten

Sonderband:
Werner Ekschmitt
Die Kykladen
Bronzezeit, Geometrische und Archaische Zeit
304 Seiten; 4 Karten, 1 Farb-, 55 Schwarzweiß- und 92 Strichabbildungen; 59 Farbtafeln mit 75 Abbildungen; 59 Schwarzweißtafeln mit 78 Abbildungen

Sonderband:
Werner Ekschmitt
Die Sieben Weltwunder
Ihre Erbauung, Zerstörung und Wiederentdeckung
293 Seiten; 100 Abbildungen; 28 Farb- und 50 Schwarzweißtafeln
8., überarbeitete und erweiterte Auflage

Sonderband: *vergriffen*
Roland Hampe / Erika Simon
Griechisches Leben im Spiegel der Kunst

Sonderband: *vergriffen*
Homer
Die Odyssee
In gekürzter Form nacherzählt von Eva Jantzen und bibliophil illustriert von Brinna Otto

Sonderband: *vergriffen*
Nikolas Yalouris
Pegasus. Ein Mythos in der Kunst

VERLAG PHILIPP VON ZABERN · MAINZ

ROMA VRBS
IMPERATORVM AETATE
FAVENTE INSTITVTO TOPOGRAPHIAE ANTIQVAE IN STVDIO VRBIS
FORMAM DESCRIPSIT FRANCISCVS SCAGNETTI
OPE AC AVXILIO IOSEPHI GRANDE AVCTVS
ANNO MCMLXXIX
METRA
MONTES VATICANI
CIRCVS GAI ET NERONIS
NAVMACHIA VATICANA
MAVSOLEVM HADRIANI
HORTI DOMITIAE
GAIANVM?
HORTI AGRIPPINAE
R. XIV
VRBS ANTIQVISSIMA
CAMPVS MARTIVS
R. IX
R. VII
STADIVM DOMITIANI
SAEPTA IVLIA
IANICVLVM
CAMPVS CODETANVS
PRATA QVINCTIA
HORTI GETAE
PORTA SEPTIMIANA
FLVMEN TIBERIS
PORTA AVRELIA
TRANSTIBERIM
NAVMACHIA AVGVSTI
PALATIVM
CIRCVS MAXIMVS
LVCVS FVRRINAE
HORTI CAESARIS
PORTA PORTVENSIS
R. XIII
MONS AVENTINVS
MONS TESTACEVS
PORTA OSTIENSIS